jagen und sammeln

editorial

Ändern sich die Voraussetzungen, unter denen heute geschrieben wird? Ändern sich durch die neuen technologischen Möglichkeiten das Schreiben und damit die Literatur grundlegend? Diesen Fragen will die vorliegende Ausgabe, die in Zusammenarbeit mit dem AdS entstanden ist, nachgehen. Unter dem Titel «jagen und sammeln» haben wir einige Autorinnen und Autoren gebeten, uns über die Veränderungen in essayistischer und literarischer Form zu berichten. Die vielschichtigen Resultate haben uns überrascht, erstaunt und erfreut. Es wurde deutlich, dass die neue bunte Welt des Internets und des weltweiten Surfens, Samplens und Manipulierens die Literatur nicht nachhaltig verändern, da Literatur immer schon intertextuell und plagiatorisch war. Gejagt und gesammelt wurde in der Literatur schon immer - Themen, Geschichten, Wendungen, Figuren ...
Die schöne neue Welt des World Wide Web

bringt nichts hinzu, sondern erschwert
höchstens, da heute immer mehr Texte zur
Verfügung stehen, die gesammelt, erjagt
und ausgenommen werden .

Marc Stadelmann und
Peter A. Schmid,
Geschäftsführer AdS

Thema der nächsten Ausgaben:
«Cairo», Redaktionsschluss
Ende Dezember 2003;
«Herz», Redaktionsschluss
Ende Februar 2004;
«Massiv» Redaktionsschluss
Ende Juli 2004

Ulrike Draesner, *1962 in München. Studium der Germanistik, Anglistik und Philosophie. Seit 1994 freie Autorin. Übersetzerin (aus dem Englischen) und Essayistin. Lebt in Berlin. Zuletzt: «Mitgift», Roman, Luchterhand, München 2002.

Ulrike Draesner

jagen und sammeln

Jagen 1

Vielleicht ist es auch beim Schreiben so: Jagen und sammeln geschehen immer andersherum, als man denkt. Nicht der Jäger jagt das Wild, sondern das Wild findet seinen Jäger. Vielleicht geht es beim Schreiben so wie jenem Tristan, den Gottfried von Straßburg durch einen mittelalterlichen Wald stolpern lässt, Tristan *ellende*, von Zuhause entführt, unterwegs irgendwo, auf der Suche nach einem Onkel, von dem er nichts weiß, nach etwas Verwandtem. Man hat ihn in Sprachen, Musik und allen Künsten der Jagd ausgebildet. Er hat geübt, und all jene armen Hirsche, die er nicht kunstvoll zerteilte, sieht man nicht. Was man sieht, ist die Jagdgemeinschaft des Onkels Marke. Sie hat ihren Hirsch schon erlegt, genauer: Er, gehetzt, hat sich den Hunden zum Kampf gestellt und ist dabei von den Jägern erschossen worden. Und nun kommt Tristan, der *ellende*, was damals Heimatloser hieß, auf der Suche nach einem ihm fremden, aber versprochenen Ort dahergestolpert. Zunächst hat er zwei Pilger getroffen und ihnen ein *maere* über sich selbst erzählt, eine Geschichte also, die wahr sein kann, aber auch erfunden – und Tristan scheint das Zweite besser zu gefallen. Jedenfalls erfindet er sich selbst eine fiktive Identität, hält sich bedeckt, will sich schützen. Da stoßen die Pilger und Tristan auf den Hirsch, der tot am Boden liegt, als hätte er sich selbst dahingelegt. Doch die Beute ist eben nicht die Beute: Ein Stück mit Fell und Hufen isst sich schlecht. Die Pilger ziehen geradeaus weiter, Tristan hingegen hält inne, zweigt ab. Das immerhin schon erlegte Lebendige ist gefangen, weglaufen wird es nicht mehr, doch mehr ist nicht geschehen. Oder doch?

   Gestoßen, stolpernd auch – der Autor auf den Stoff. Man ist auf der Suche nach etwas und da liegt plötzlich: ein Hirsch! Gerade so, dass man ihn als das Gesuchte, das man vorher nicht hätte beim Namen nennen können, erkennt: nämlich als Möglichkeit eines Eintrittes in eine Geschichte. Auch Dritte stehen dabei. *Sie* haben den Hirsch eigentlich zur Strecke, also zum Vorschein gebracht. Denn was da liegt, ist noch Hirsch, unverwandelt, frisch, sehr real. Zu seiner Realität gehört, dass Dritte ihn an dieser Stelle «produziert» haben. Doch nun wissen sie nicht weiter. Da erscheint Tristan und verspricht gleich doppelt erhöhten Genuss: beim Zerteilen und beim Essen danach. Unter den Augen der anderen macht Tristan sich über den Hirschen her und *enbestet* ihn kunstvoll. Entbästen: Darunter kann man sich vorstellen, was man mag. Ausschälen. Aus dem Bast schlagen. Ein hapax legomenon. Die einzige Belegstelle des Wortes: hier. Tristan schneidet-entschält die Wirklichkeit eines noch warmen Körpers, leider tot, notwendigerweise tot, und macht daraus etwas, was wir essen können. Was uns nährt. Real und kulturell.

Der Vorgang bedeutet eine Verwandlung. Der Hirsch zerlegt sich in seine Bestandteile, und sie sind nicht nur aus Fleisch und Blut, Knochen und Sehnen. Denn unter Tristans Händen zeigt sich als Teil des Hirsches auch ein Ritual, das Unternamen trägt wie *furkie* und *curie*. Zeichen entstehen. Der Hirsch ist ihr Grund. Das bedeutet, «man macht den *bast* am Wild». Man schreibt mit und durch die Realität hindurch, fast noch wirklich, warm, aber kühl unter der Hand. Mitten in eine Verwandlung begriffen. Man selbst ist in sie begriffen – treibt sie voran und wird von ihr gemacht.

Curie, abgeleitet von *cuire*, dem französischen Wort für «Haut», wie Tristan erklärt. Versorgt werden sollen, wie bei einem Text, alle, die zum Hirsch beitrugen. Ein System der Speisung und Rückspeisung. Die Hunde bekommen als *curie* Innereien und das Herz der Beute, um sie scharf zu machen auf den nächsten Hirsch. So wie man ein ordentliches Plot einbaut in einen Text, um den Leser scharf zu machen auf mehr. Der Hof erhält die Leckerbissen, Rückenfilets, Keulen. Andere das Fell. Der Hirsch zerteilt sich in seine Ganzheit, die neu entsteht. Der Vorgang des Entbästens meint all dies. Die anderen sehen zu und wissen nicht recht, wie vor sich geht, was sie doch sehen. Herausschälen. Verwandeln. Aus Wirklichkeit etwas anderes machen, das ebenfalls wirklich ist. Der Hirsch hat seinen Meister gefunden. Die anderen hat das Staunen ereilt.

Der Hirsch ist zerteilt, der Bast gemacht – und doch damit nicht vollendet. Tristans Kunst, im mittelhochdeutschen *list* als Bezeichnung eines Könnens, besteht darin, den *bast* auf das Einreiten bei Hof auszudehnen. Das zerschnittene Tier wird auf die in Zweierpaaren reitenden Männer verteilt. Vorn der Kopf, dann die Schultern, Vorderläufe, der Rücken etc. Die Kunst Tristans übersetzt den realen Hirsch in die zweite Wirklichkeit seiner Repräsentation. Man reitet in der Ordnung des Tieres. Musik gehört dazu, schöne Kleidung, Feier und Spektakel. Sinnengenuss. Vergrößerung des Hirschs. Seine fleischliche Löchrigkeit – der zerstückelte Körper des Tieres tanzt überm Boden – ist sein Eintritt ins menschliche Zeichenreich.

So folgt die Realität ihrer Präsentation, der Stoff seiner Darstellung. Als Untergrund, Anlass und Abstoß. Zerschnitten, unsichtbar – aber nachgestellt, sichtbar gemacht – auch als Verlorenes. Erjagt, erlegt, getötet, verschönt. Doch: Wer jagt hier wen?

Schon bei der Hirschzerteilung ist Tristan in die Kunst des Könnens eingetreten. Alles beginnt nun, Zeichen zu sein. Im Hirsch spiegelt sich Isolde, im Hirsch spiegelt sich Tristan selbst, der sich in Isolde verlieben wird. Nicht er, Tristan, findet sie, sondern Marke, der Onkel, den Tristan durch die Kunst am Hirsch findet, hat Isolde für sich gefunden. Doch sie wandert ab. Zwei stehen da als die Subjekte, zwischen denen etwas geschieht: Tristan und der Hirsch. Tristan und Isolde. Aber immer geschieht, was geschieht, nur durch die Anwesenheit eines Dritten: der Jäger. Markes. Unter ihren Augen – für ihre Augen. Dritte bahnen den Weg. Oft indem sie etwas tun, das erst einmal keinen Namen hat oder jedenfalls einen anderen Namen (Ziel) als das, wozu es am Ende führt.

Tristans Können und *maere* erregen bei allen anderen die Neugier nach weiteren Geschichten. Sie wecken ihre Phantasie. Man will nun auch über die Person des Autors etwas wissen, denkt es sich aus. Das Zerteilen eines Hirschs erzählt, wie gleich doppelt Fiktion entsteht: als Werk (der löchrige, repräsentierte Hirsch) und als *maere* über den Urheber dieses Werks. Wie Fiktion entsteht als Verwandlung von etwas Realem, Natürlichem, in etwas, das in seiner Realität auf das erste Reale nur mehr verweist, in diesem Verweisen aber Genuss verspricht. «Kunst» nennt man das im Mittelalter. Klug gewählt.

Tristan – er hat den Hirsch gefunden, zerteilt, gegessen und verarbeitet, also in etwas Eigenes verwandelt – stößt auf seine eigene Vorgeschichte, die ihm beim Verwandten Marke fremd entgegentritt. Es ist die Geschichte seiner Eltern. Der Hirsch wird zum Eingang in Zusammenhänge. Er macht sie für Tristan, macht sie auf, doch zugleich öffnet Tristan sie sich durch das *enbesten* selbst. So sind wir eingeflochten in Muster aus eigenem Handeln und gehandelt werden. So sammeln wir und werden eingesammelt. Auch von Ideen und Wünschen der anderen. Der Hirsch aber ist jenes Fell, auf dem all dies zusammenkommt, sich kreuzt, paart, interferiert. Dafür brauchen wir ihn.

Sammeln 1

Tristan und Isolde, eine Liebesgeschichte. Am Ende beginnt Tristan, Isolden zu sammeln. Isolde 1, Isolde 2. Er sammelt, weil er das Gleiche nicht mehr vom

Ungleichen kennt. Verwechselt er es? Nein, er verwandelt es, unterscheidet anders als üblich, zieht neue Verbindungen. Gerade deswegen war er ein so guter Jäger. Den anderen gilt er nun als verwirrt.

Sammeln 2
Jeder Sammler ist wahnsinnig. Er stellt den einzelnen Körper unter das Zeichen von diesem Körper.

Jagen 2
Stoff kommt, entsteht, fügt sich zusammen, bietet sich an. Er will auch erlegt werden, vor allem sehr wohl gegliedert, entbästet, also recherchiert und fundiert, wenn die Idee da ist, der «zündende Funke». Oft gefunden auf der Suche nach etwas Verwandtem, bei der man auf einen Nebenweg stößt. Man hält inne, tarnt sich vor anderen, zweigt ab. Da liegt es dann. Oft gefunden, weil andere es einem in die Arme treiben. Das Thema an sich ist längst entdeckt. Aber die anderen wissen nicht, wie es angehen. Es leuchtet wie der Hirsch, der da steht und sagt: so. Da steht er, und kein anderer kann ihn sehen oder kann sehen, wie man ihn aufteilen muss, gliedern, um ihn zum Sprechen und Munden zu bringen. So dass alles sich zusammenfügt durch die Kombination des Handwerks mit der Findung, unter den Augen Dritter, auf der Suche nach etwas Drittem, das sich entzieht, verschiebt. Die Beherrschung von Handwerk gibt Freiheit. Sie ist der Boden des Erfindens, des Sehens. Auch des Fühlens. Am Ende: Dankbarkeit für den Hirsch. Dass er da ist, sich hergibt.

Das besonders Schöne am Hirsch der Fiktion aber ist: Er liegt da, wird zerlegt – und springt doch zugleich weiter durch den Wald. Durch die Kunst des *enbestens*, die Kunst, die Schale der «Wirklichkeit» abzuschälen, vermehrt er sich. Was verschwindet: Realität. Zerteilt, verändert, zugedeckt. Aber sie hat sowieso tausend Gestalten. Und eine.

Sammeln 3
Der Sammler wird angerührt von der Verworrenheit, in der die Dinge sich auf der Welt befinden. Er hat einen Begriff von dem, was sich ähnelt, ohne gleich zu sein. Er braucht Lagepläne, Karten, Kataloge, Gefäße, Behältnisse, die Risiken des Verfalls, der Firnis, Rostschutz, Sicherungskopien. Es entstehen Kolonnen, Staus und Stapelungen. Der Sammler ist ein Exzentriker, der sich der Auflösung unterwirft, um sie zu ertragen. Hier begegnet er dem Jäger.

Jagen 3
Tristan verbindet Jagd und Liebe. In ihr wird das *ellende* kurz aufgehoben, dann aber verschärft. Schon mancher Jäger erlegte das falsche Wild, das sich

ihm – fast – zu Füßen warf. Jagd und Sex, Schreiben und Eros. Erlegen, einverleiben. Es soll gehören; soll weiterleben, seine Vergänglichkeit überwinden. Doch dazu muss man ihr ins Auge sehen. Diana verwandelt Aktäon, nach einem nicht erlaubten Blick. Er wird zum Hirsch. Seine Hunde jagen ihn, denn Verwandlung verstehen sie nicht. Wir aber leben mit ihr. Nie steht sie still.

Jagen 4
aktäon alpin
   dein enkel, das fremdartige geweih

hochgeschürzt die berge: schnee in
wächten in gerafften röcken dianas
kristallenes fell. er wusste nicht, dass
auch festes flüssig zu tal gehender
bach aus luft und eis. als er sie
zwischen fichten – ihr snowboard
am stamm, sonnte sie sich, nackt
und weiß unter den taften der
hänge. ihr ruf allein reichte erreichte
den lebendigen schnee formte
kristalle sie bogen sich er aber
   sprang in die luft
als die welle ihn holte ein weiß
wachsender blitz der seinen donner
   enthielt. etwas flüssiges
das auf sich lief war es schnee
und nicht unterscheidbar
von der meute seines blutes das bellte
hunden gleich. wolken färbten sich
purpur – ihr gesicht, doch es waren nur
seine augen, war der ihn wie ein anzug
fest umschließende schnee, durch seinen atem
zu einer maske gefrorn. als sie ihn fanden
lag er gekrümmt vom kopf streckte
die hohlform eines geweihs sich
ins eis. was er gewesen war ein
fauchen ein zischen entfuhr. ihre wasser,
   sagte einer, ihr neigungsgrad.

Pirsch

Vor uns ist alles leer. Kein Hirsch zu sehen, aber ein Feld, ein Raum, eine Zerstreuung. Die Jagdszene des *Tristan* – darunter, als Subtext: Diana, die Hunde auf Aktäon hetzend. Liebesgeschichten drehen sich. Der Jäger begegnet dem eigenen *ellende* mit *list*. In der Reihenfolge seines Wachstums, seiner Ordnung, zieht der getötete Hirsch als Kunstwerk in die höfische Gesellschaft ein. Ein Raum entsteht – der Hirsch selbst wird zu ihm –, in dem Text möglich ist. Jagen und Sammeln selbst beruhen auf Voraussetzungen, sie sind kein Anfang. Sie sind Sonden, die man ansetzen kann, um auf etwas zu blicken, was immer schon stattgefunden hat. In einem Feld voller Verstecke, Hinterhalte, Gräser, Ecken und Löcher. So ist auch dieser Text ein Feld – und Zumutung der Zerstreuung. In der Hoffnung darauf, die Spur möge lesbar sein. In möglichster Annäherung daran, wie ich sie erlebt habe: Als ich als 24-jährige Gottfrieds von Straßburg *Tristan* las, weil ich mit zweitem Namen Isolde heiße – und wie ich nun, 16 Jahre später, noch einmal auf diesen Text schaue. Also: dem Netz biographischer Zufälligkeiten folgend. Es ist das Feld. Die Spur aber – der Suchweg, den wir darin gehen –, sie machen wir selbst.

Sammeln 4

Vor kurzem lernte ich einen Mann kennen, dessen zweiter Vorname «Hirsch» bedeutet. Später im Tierpark rannten meine Neffen als Erstes in den Streichelzoo, den ich allein für mich nie aufgesucht hätte. Dort hüpften Ziegen und Schafe, die man füttern durfte, gierig vor den Schütten der Automaten, aus denen gegen 50 Cent eine Hand voll Futter rieselt. Auch ein paar Rehe standen, eher schüchtern, dabei; einige von ihnen reckten hinter einem Holzzaun Köpfe und Hälse. Ich berührte das Maul des weißen Hirschs, der über den Zaun schaute. Erstaunlich weich, verlangend. Ich sah und fühlte auch den samtigen Bast seines Geweihes. Das weich aussah, sehr weich. Der Ausdruck der Augen: scheu und fordernd, fremd. Oder sollte ich sagen: Sein festweiches, warmes, verlangendes Maul berührte mich. Seine Lippen. Fremd, unübersetzbar.

Schreiben als Akt einer versuchten Anverwandlung. Vor der stumm machenden, staunenswerten Fremdheit der Welt, der Andersheit anderer Wesen. Aus Trauer und Übermut, Freude und Lebensdrang, festen Auges auf die eigene Beschränktheit, jubelnd von Sprache, auf der Suche nach ihrer Grenze. Die Lippen berührend, das Herz.

So sammelte er mich ein. Was mich einsammelte: «Leben». Diese komische Tasche. Sehr verbeult. Voller Wege. Ich sammle es wieder aus. Teile davon. Ein Hirschgedicht schreiben. Irgendwann.

---

ellende = eine Person, die in Verbannung lebt, unglücklich ist, jammervoll, hilflos, von etwas getrennt

Christine Huber, *1963 in Wien. Lebt in Wien und Mörbisch/Burgenland. Publikationen zuletzt: «das doch das bauschen kennt», edition ch, Wien 2001; Hörstück: «bei liebesirren, oper» mit Alexander Stankovski, ORF 2002.

Christine Huber

Flic-Flac

thema

I
Briefe dauern.

Das Ankommen derselben ist unsicher. Porti sind teuer und werden teurer. Telefonleitungen allerdings gibt es – auch in sehr entlegene Orte. Wo dies der Fall ist, dorthin schreibt man immer noch: Briefe – und verschickt sie ohne Marke, per Internet. Die Antwort erfolgt so: «danke. habe deine zeilen erhalten. später mehr.» – was dann so ist, oder auch nicht. Meistens schon. Denn: Briefen lässt man ihre Zeit, lässt sie eine Zeit lang liegen – bis es mehr zu berichten gibt. Und überhaupt: Ist es ja ein Ding der Unmöglichkeit geworden, andauernd und ausdauernd «richtige» Briefe zu schreiben. Heutzutage. Die Zeit wäre nicht da. Glaubt man.

Wenn ein richtiger Brief kommt,

ist das etwas, das ausholt, ausgreift – Ereignisse streift, Befindlichkeiten erwähnt, Mutmaßungen zulässt, Gegenfragen stellt – Rücksichten kennt, Beziehungen aufgreift – zum Davor, Danach. Und auf ein Du zuschreibt: Du, ich möchte dir sagen, dir erzählen, mit dir teilen usw.

Was passiert, wenn ein richtiger Brief in einem richtigen Kuvert mit veritabler Briefmarke den Adressaten/die Adressatin erreicht?

Es ist eine Irritation. Die Handschrift will entziffert sein – das Ereignis steht vor einem – ein Blatt Papier, vielleicht auch mehrere Blätter – warum tut er/sie das und dann noch mir an?

Ein richtiger Brief ist solch eine Rarität, dass er erstmal gelesen zwar, aber dann ... wohin ... wohin zwischenlagern, wohin ihn ablegen, wohin zur Aufbewahrung? Wegwerfen geht ja nicht – dazu ist er zu kostbar in seiner Vereinzeltheit.

Also: Liegen lassen – Warten, bis eine Art besondere Stunde da ist, auf einen Brief in Briefform zu antworten – was sind die Voraussetzungen: Papier, Stift und oh ja: die Handschrift – und schon mit den ersten Zeilen – die natürlich mit Danke beginnen: Danke für deinen langen Brief. Ich habe mich so gefreut, dass ich schon gar nicht wusste, wie ich antworten kann/darf/soll ... usw. Ist sie das Fremde,

die Handschrift,

die selten genutzte, im Alltag reduziert auf Krakeln, also: Einkaufsliste. Oder: Wörter hingeworfen auf Post-its: «Nicht vergessen» steht schon vorgedruckt drauf. Oder «Anruf von». Ergänzt wird: Auto zum Service z. B. oder ein Memo der Mitbewohnerin: «Anruf von» steht schon da, detto das Wort «Uhrzeit» – also schreibt sie: Mutter 17.00. «Anmerkung»: zurückrufen!

Das also ist sie: die Handschrift, die Bewegung der Hand auf dem Papier. Eine Tortur war es, das Lernen der Schönschrift. Manche brauchen sie im Alltag: ArchitektInnen, GrafikerInnen, KomponistInnen – da wird bis heute schön geschrieben, reingeschrieben, ins Reine geschrieben. Der Rest der Schreibfähigen nimmt den Computer, wenn es etwas zu schreiben gibt.

Und wenn das Geschriebene AdressatInnen kennt,

dann kommt ein/e Mail. Schon der Artikel dieser Kommunikationsform ist unklar. Viele sagen «das», manche bleiben hartnäckig bei «die»: Klingt schöner, sagen sie und mailen.

Wieso mailen?

oder nicht doch eher ein: «Sie haben Post», wie es der AOL-Server-Kunde vorgeflötet bekommt. Serverwechsel, Programmwechsel: «Empfangen: 47 von 52. Aber was eigentlich –

eine Nachricht –

oder doch: Depesche, Kassiber, Information, Botschaft, Aussendung, Rundbrief ...?

Was ist so ein Mail, wenn es ist, wenn es ankommt, wenn es wahrgenommen wird, wenn es gelesen wird?
 Was löst aus, dass es als wichtig genommen wird? Heißt wichtig: sofort antworten, unwichtig hingegen: darf warten? – also doch: alles wie gehabt, oder

Depesche veraltet: Telegramm; depeschieren: urspr. franz.: befördern, beschleunigen; eigtl.: Hindernisse vor den Füßen wegräumen
Kassiber heimliches Schreiben oder unerlaubte schriftliche Mitteilung eines Häftlings an einen anderen oder an Außenstehende
Information Unterrichtung einer Öffentlichkeit
Botschaft wichtige, für den Empfänger bedeutungsvolle Nachricht
(**Quelle** DUDEN Deutsches Universalwörterbuch 1989)

II

A / weiblich

1. 10. 2003, 17.23
betrifft: Re Einladung

vielen dank für die einladung. ja. gerne komm ich vorbei.
wo genau ist denn der eingang zur galerie?
ich hoffe, es geht dir gut
liebe grüße
c

2. 10. 2003, 10.15
betrifft: Re (2) Einladung

liebe c,
danke für deine antwort. ich freu mich, dass du kommen kannst. der eingang ist genau an der ecke. die galerie-räume dann links davon.
wie geht es dir denn zur zeit?
ich selbst bin natürlich einigermaßen im stress.
herzliche grüße
m

2. 10. 2003, 22.12
betrifft: Re (3) Einladung

liebe m,
danke für die wegbeschreibung.
nun, mir geht es zur zeit auch eher unaufgeräumt. viel zu tun.
und der leidige regen schlägt sich auf die stimmung ...
werden wir zeit finden, ein bisschen zu reden, während der vernissage ...
viele liebe grüße
c

3. 10. 2003, 10.38
betrifft: Re (4) Einladung

liebe c,
nun, vernissagen sind ja nicht unbedingt die beste gelegenheit, um zu reden. aber wenn du eine stunde früher kommen magst, dann könnten wir schon ein glas miteinander trinken. vorweg.
ich mag den regen auch nicht. aber wenn es so viel zu tun gibt, vergess ich das wetter einfach. hat was.
alles liebe
m

5.10.2003, 00.36
betrifft: oje

liebe m,
eine stunde früher? ich fürchte, das wird sich nicht ausgehen, hab vorher noch einen termin. was auch heißt, dass ich sowieso befürchten muss, zu spät zur vernissage zu kommen. ich hoffe, das ist nicht schlimm für dich.
die allerbesten grüße
c

5. 10. 2003, 11.10
betrifft: Re oje

liebe c,
aber nein, das ist natürlich überhaupt nicht schlimm.
und wenn es sich gar nicht ausgeht, die bilder hängen ja noch länger dort. vernissagen sind ja sowieso nur bedingt lustig. obwohl, es würde mich sehr freuen, wenn du kommen kannst.
alles beste
m

5. 10. 2003, 23.01
betrifft: Re (2) oje

liebe m,
vielen dank für dein verständnis. ich werde mich bemühen zu kommen.
aber: was hältst du davon, wenn wir uns am drauf folgenden tag versuchen zu treffen, in der galerie gleich, zum anschauen der bilder und dann was trinken gehen – das wäre ideal für mich.
sei umarmt und alles gute für morgen
c

6. 10. 2003, 12.33
betrifft: doppelt oje

liebe c,
nein, tut mir leid, da kann ich nicht. ich muss nach der vernissage gleich auf 2–3 tage weg.
wie schauts denn aus bei dir, eine woche später. meld dich doch bitte!
alles liebe
m

8. 10. 2003, 17.52
betrifft: Re doppelt oje

liebe m,
nun, ich kann das noch nicht sagen. es ist so viel zu tun. etwas unübersichtlich alles zur zeit – und ich schon fast unrund deswegen.
na, wenigstens hat der regen aufgehört. das macht mich zuversichtlicher. kann ich dich anrufen?
meld dich bitte, deswegen
bis bald
ich freu mich
c

11. 10. 2003, 20.12
betrifft: anrufen

liebe c,
natürlich kannst du mich anrufen, aber vergiss nicht, der anrufbeantworter ist immer eingeschaltet. bitte hinterlass mir eine nachricht. ich ruf dann zurück
bis dahin
m

13. 10. 2003, 13.48
betrifft: Re anrufen

liebe m,
ich hab dir aufs band gesprochen. ist die nachricht gut bei dir angekommen? ich schlag vor: kommenden mittwoch – also den 15. – in der galerie gleich. ich hab es ja doch nicht geschafft zur vernissage, wie du sicher bemerkt hast. aber ich bin voller neugier, will sie unbedingt sehen, deine bilder.
und am liebsten in deiner begleitung, mit deinem kommentar.
ich freu mich schon sehr darauf.
alles liebe
c

15. 10. 2003, 01.27
betrifft: es tut mir leid

liebe c,
ich hatte mich schon so auf unser treffen gefreut. aber: ich muss jetzt nochmals weg, auf zwei tage.
es tut mir so leid.
darf ich dich am samstag anrufen? wenn ich zurück bin, dann fixieren wir einen termin, wirklich. ich versprechs.
die allerliebsten grüße
bis samstag
m

einladung
zur vernissage
am 6. 10. 2003, 20.00
galerie x
auf dein kommen freut sich
m
die ausstellung ist bis 29. 10. täglich in der zeit von 10.–
19.00 uhr zu besichtigen.

B / männlich

1. 10. 2003, 17.45
betrifft: Re Einladung
danke. ich komme
lg a

7. 10. 2003, 14.17
betrifft: vermissen

lieber a,
ich hab dich vermisst, auf der vernissage. ist dir etwas dazwischengekommen? ich würde mich sehr freuen, wenn wir uns treffen könnten, am besten wohl gleich in der galerie. dann kann ich dir auch ein bisschen was erzählen zu den bildern ...
liebe grüße
m

7. 10. 2003, 20.03
betrifft: Re vermissen

ich melde mich
lg
a

13. 10. 2003, 14.20
betrifft: neuer termin – ein versuch

lieber a,
ich versuch grad, mit c einen termin zu finden, um auch ihr die bilder zu zeigen. sie hat es auch nicht geschafft zur vernissage. möchtest du zu uns stoßen? wär doch eine schöne gelegenheit, uns mal wieder zu treffen. alle drei. als termin fassen wir jetzt den mittwoch ins auge. passt das für dich?
herzlich
m

13. 10. 2003, 15.28
betrifft: Re neuer termin – ein versuch

passt.
sag mir die uhrzeit
lg
a

15. 10. 2003, 1.58
betrifft: es tut mir leid ...

lieber a,
entschuldige bitte, aber es klappt nicht. ich muss auf zwei tage wegfahren. c und ich versuchen, einen neuen termin zu finden bzw. sei doch so lieb und sag mir, wann es bei dir passt. ich bin am samstag wieder zurück.
herzliche grüße
m

16. 10. 2003, 9.28

meld dich
lg
a

III

Ist das so?
　Oder ist es doch anders?
　Anders geworden?
　Weil es der Gebrauch ist, der das ausmacht, was jetzt Mail heißt und ein Mail ist, weil es, wenn es ankommt, wohl auch gelesen wird, also davon auszugehen ist, dass es ankommt.

Am Anfang also,

– wann war das nun gleich – vom eigenen Schreibtisch aus, von der eigenen Telefonnummer weg – damals also, als die Modems langsam waren und die Datenleitungen scheinbar fragil, war die Aufforderung zum Bestätigen des Angekommenseins der Nachricht selbstverständlich bzw. war es selbstverständliche Höflichkeit, es auch ungefragt zu tun. Willkommen in der Web-Community – wurden Begrüßungen ausgesendet, wenn die E-Mail-Adresse bekannt gemacht wurde. Dahin.
　Dafür geschieht anderes: z. B. in der Zeit.

Mit der Zeit also,

ist Zeit nun beinahe Echtzeit. Redaktionsschluss 6. 10. heißt: den Text am 6. 10 zu schicken. Und nicht drei Tage vorher, um den Postlauf zu berücksichtigen.

Sind zwei online, können sie hin- und herschreiben, als wäre es ein Gespräch. Flic-Flac nennen es manche. Und haben es lieber als telefonieren.
　Ist Telefonieren zu direkt?
　Schafft das Tippen Distanz?
　Ist der schnell getippte also notwendigerweise auch fehlerhafte Text eine Form von Vertrauen? Soll heißen: Das Gegenüber wird mich dafür nicht tadeln?
　Ist die schriftliche Kommunikation ein Versteckspiel?
　Tarnen wir Unmut, weil die Stimme denselben verraten könnte? Oder andersrum: ein Zuviel an Freude mit-

schwingen würde, die das Gegenüber ja nicht unbedingt zu wissen braucht –
 Kann das heißen

andere Zwischentöne also,

neue Formen von Zwischentönen also, wenn wir einander schreiben?
 Und wieder die Zeit. Denn aufs Klo gehen, eine Zigarette rauchen, sich etwas zu trinken holen – das geht beim Telefonieren nicht – oder kaum. Verraten ist es allemal, was ich so tue, wenn ich telefoniere. Schon wenn das Umherschauen sich auf einer Schlagzeile der Tageszeitung festsetzt, ist das zu hören.

Nicht hören also,

was die Begleitumstände sind, wenn das Schreiben ein Tippen ist und die Zeit keine unmittelbare Gleichzeitigkeit, sondern nur eine Fast-Echt-Zeit ist.

Und doch haben E-Mail-Wechsel etwas von schriftlich geführten Telefonaten. Ein schneller Wechsel von vermeintlichen Notwendigkeiten.
 «bitte bring zum treffen auch diese und jene unterlagen mit»
 «kannst du mir die adresse vom x mailen»
 «lebenslauf fehlt, bitte schicken»
 Zeitersparnis sei es, hat man begonnen zu glauben und gleichzeitig steigt der Druck.
 «ich brauch deinen lebenslauf heute noch. soll noch in die aussendung»

Ein wirkliches Telefonieren bräuchte mehr Zeit, als ein genicktes Aha und copy + paste aus den festplattengelagerten Dokumenten zu befehlen und ins Internet losgelassen: schon erledigt.

Kleinstkommunikationen also,

weil telefonieren bedeuten könnte, Fragen gestellt zu bekommen, z. B.; «Wie geht es dir?» Oder: «Du, ich hätte eine Bitte an dich!» Oder: «Könntest du, eventuell, heute noch». Oder: «Und: Was gibt es Neues bei dir? Ist eh alles okay?»

Gefahr von deutlich überlanger Kommunikation.

Und dennoch: Es kann Menschen zusammenhalten, über Jahre hinweg. Als kleinste mögliche Einheit von Verbindung, wenigstes, in Zeilen wie: «ich melde mich mal wieder»; Oder: «wollte nur hallo sagen».
    Dem Gegenüber bleibt es frei, sich zu melden. Eine Aufforderung ist es, keine Verpflichtung. Vielleicht hatte die Postkarte einmal diese Funktion. Postkarten sind selten geworden. Postkarten: das kurze: «Ich denk an dich, musst aber nicht antworten, zumindest heute nicht.»

Unzumutbar

sind folglich überlange Mails. Briefe ja, auch per Netz gesendete Briefe, aber Mails, weit länger als eine Bildschirmseite, vielleicht sogar deren drei, vier? Beste Freundinnen dürfen das, wenn Kummer herrscht, ausnahmsweise, aber ansonsten muss es heißen wie: «zu ihrer information: besuchen sie die www.xxx.ch page» oder Vergleichbares. Weil: Ein Brief bleibt ein Brief, auch wenn er per Internet verschickt wird. Ein Brief greift aus und geht ein, ist ein Stück Geschriebenes, das mehr ist als ein schneller Wechsel von Kommunikation. Ist eben Brief. Und keine Nachricht. Ist etwas, wofür Zeit war und Zeit lässt. Und: kennt sein Du.

Nachricht (älter: Nachrichtung = Mitteilung, nach der man sich richtet) Mitteilung, die jemandem in Bezug auf jemanden oder etwas (für ihn persönlich) Wichtiges die Kenntnis des neuesten Sachverhalts vermittelt

Birgit Kempker lebt als Schriftstellerin in Basel. Dozentin für Wort und Bild; Ton. Hörspiel, Theater, Installation, diverse Colaborationen und Sphinx. Als CD: «Ich sage soviel Kafka wie ich will», Verlag Urs Engeler 2002. Letzte Buchpublikation: «Meine armen Lieblinge», Droschl Verlag 2003.

Birgit Kempker

Es ist hier wie immer

Die Zeitschrift heißt «entwürfe». Ich bin eingeladen, etwas zum Thema zu schreiben. Das Ich ist Schriftstellerin. Das wird noch von Bedeutung sein wegen der Einhaltung der Gattung, gegen die Artenvielfalt vielleicht. Das Thema ist: «jagen und sammeln». Ich werde gefragt, welche Zeitgegebenheiten zum Beispiel für mein Schreiben von Bedeutung sind, und wie ich antworten will, will das die Frage nicht, was herrlich ist, weil hier die Zeitgegebenheit sich selbst zeigt, wie die Antwort da ist, ist es wie immer und darum zeigt es sich doch

genauso, dass etwas nicht da sein soll, nicht darf, falsch da ist, nicht so da ist, wie es sich wer vorgestellt hat, dass es da sein soll, oder Kollektive oder Rudel oder Redaktionen stellen sich etwas vor, was dann nicht da ist, und sind enttäuscht und wollen das haben, was da sein soll und nicht da ist und nicht das, was da ist.

Und da ist die Frage, was ist denn zuerst da, dass es da ist und nicht da sein soll oder dass es nicht da sein soll und da sein will, oder ist es so, dass es zwar eingeladen ist, da zu sein, aber nicht so, wie es da ist, sondern so, wie es da sein soll, und dass es aber nicht da wäre, wenn es nicht eingeladen worden wäre, da zu sein, auch wenn es dann nicht da sein soll, wie es ist, ist es doch erwünscht gewesen und wäre ohne den Wunsch gar nicht da gewesen, nicht in Erscheinung getreten, wie es hier doch in Erscheinung tritt, nur nicht in dieser, sondern in jener, nur nicht so, wie es da sein soll, soll es dann nicht so da sein, wie es nicht da sein soll, oder ist gerade die Verstellung, die Zustellung, die Schwärzung was ist?

Ich glaube, so ist es meist, und deshalb ist es ein Glück, wahrscheinlich, es ist eine glückliche Fügung, höchstwahrscheinlich, dass hier vor Ihren Augen genau das passiert, und auch passieren soll, denke ich, was sonst auch passiert, ich denke, dass das extra ist, eine super extra Übung am lebenden Beispiel, damit ich, die Dichterin Ich, auch weiß, was das ist, worüber ich berichten sollte, und so berichten wollte, als Dichterich, wie es dann nicht da sein sollte, und dass es dazugehört, zwingend wahrscheinlich dazugehört, dass es sich entscheidet, doch da zu sein, weil es ja das Thema ist, das Schema?, das Schema des Themas, glücklicherweise, denn sonst wäre der Schaden, ja, sonst wäre der Schaden auch der Schatz, so ist das mit der Kunst, die nämlich da ist, auch wenn sie nicht da sein soll, oder, schlimmer, die da sein soll, wie sie da sein soll, aber nicht wie sie ist, so ist sie nämlich, unabhängig, und es gibt keinen Schutz vor ihr. Und geht das in der Welt, unabhängig sein und lieben? Unmöglich. Geht nicht. Und geht das in der Welt, Kunst und unabhängig von Liebe, Kunst, die nicht Liebe ist, unmöglich. Es geht nicht, was hier geht, und sonst geht gar nichts und ganz unmöglich geht Freiheit und Liebe, aber was geht: dass die Liebe wächst, und die Freiheit.

Was hier zu sehen gewesen wäre,
wären Hufe, in die zu stapfen Sie eingeladen gewesen wären, einladen, wie in den Laster einladen, eingeladen gewesen wären, einladen, wie Injektionen einladen oder Tinte, eingeladen gewesen wären, wie immer wieder einladen, wiederholen, in die Stapfen tapfen, den Schimmelreiter reiten, drucken, pressen, klatschen, symbolisieren, sublimieren und symmetrisieren, eingeladen, Blackentdecker zu entdecken, unter die Decke zu gehen mit mir, einem Ich, das Sie eingeladen hätte in das Reich der Toten, der lebendigen Toten, denn Liebe ist kein Geist und Gedächtnis kein Friedhof. Do you understand me. Love is not a ghost. You are not this horse. Sehen Sie, Sie hätten Fundstücke gesehen. Sie hätten Fundstücke gefunden. Sie wären auf Fundstücke aufgesessen und wären geritten. Weit und wild. Sie hätten auch von Fundstücken aufgefunden werden können und wären ein Stück Blackentdecker gewesen, oder zwei. Sie wären durch und durch schwarz gewesen und mein Schatz. Sie sind mein Schatz. Sie sind meine Bohrung danach und ins Licht. Ich habe Sie und Sie haben mich, obwohl das audrücklich nicht vorgesehen ist hier, sind Sie es hier.

Sie sind ein Stück Blackentdecker, Sie sind es, Sie sitzen vor den Nachtsichtaufnahmen des Schlachtfeldes, das Sie nicht sehen, in dem Sie aber enthalten sind, obwohl Sie es nicht sehen sollen, ist der Stoff, der Blut ist, ungeteilt. Nicht denken jetzt, reisen. Be real. Es wären auf dieser Reise bunte Aufgaben zu lösen gewesen am Rande, oder sich einfach daneben setzen, neben die Aufgaben, neben die Fragen, neben den Wechsel, neben das Training und neben die Zwischenreiche.

Wären Sie nicht hier, wo Sie nicht sind, und nicht hier, wo ich nicht bin, wären Heftseiten zu sehen gewesen, Seite für Seite simulierte Seiten, Bildcollagen, Manuskripte, Friedhöfe, Knochen, Affen, Zeichen, Zeichnungen und Zeitachsenangaben, Sprecherkommentare, Musikeinsätze und Dosierungen von chemischen und anderen Mitteln, von denen hier nichts zu lesen ist, Karten und Orientierungen, gefärbte Sätze zu: Blackentdecker, einem Hörstück, das hier auch nicht zu hören sein wird, wie wären Sie glücklich gewesen, das zu lesen. Ich hätte Ihnen Einsicht in meine Hefte offeriert, wie heißen Kakao mit Rum wäre ich zu Ihnen gekommen. Wir hätten zusammen in den Federn gesessen und Welten betrachtet und wären betrunken gewesen. Ich hätte das mit dem Titel der Zeitschrift, in der Sie hier lesen, die Zeitschrift heißt, wie Sie wissen, «entwürfe», falls diese dies zulässt, dass Sie das hier lesen, ich hätte diese Einsicht in die Hefte sympathisch, und weil ich ein Gast bin, Einsicht in meine Entwürfe genannt, ich hätte mich ein wenig in die Idee der «entwürfe» verwandelt, ich hätte gesagt, gut, du heißt «entwürfe», du bittest mich, dein Gast zu sein und ich bin es gerne, ich passe zu dir, ich hätte hier hin gepasst als Gast, jetzt passe ich nicht, was wirklicher ist, ich bin viel zu viel, viel zu schön, das sehen Sie doch, ich hätte mich also meinen Gastgebern gegenüber mitfühlend, parallelgehend, irgendwie nett und freundlich verhalten wie es meine Art ist. Meine Art aber ist. Ich bin froh, dass dies nicht passiert ist. Denn es wäre nicht real gewesen. Real ist, dass Sie hier lesen, warum Sie das nicht sehen, was Sie nicht sehen und was das gewesen wäre, was sie nicht lesen, und was das mit Poesie, mit Poetik, mit dem Alltag der Kunst zu tun hat, also Politik, und warum die Liebe nicht immer leicht ist.

Sie wären ein Puzzleteilchen oder ein ganzes komplettes Puzzle in einem Prozess gewesen, der Blackentdecker heißt und Form angenommen hätte vor Ihren Augen und in Ihren Augen, so eine Form, wie ein Stein eine Form hat und vielgestaltig, formlebendig, wechselhaft und sogar flüssig ist. Wäre das etwas für Sie gewesen? Wären Sie das gewesen? Blackentdecker wäre hier sowieso nicht zu hören gewesen, so weit wären die Grenzen eines Heftes, das Heft heißt: «entwürfe», das wissen Sie ja, einkalkuliert gewesen, dass nichts wirklich zu hören ist, oder doch, ein paar Sekunden, Minuten?, obwohl warum nicht, nein? Können Sie mich hören?

Unterschiede sind natürlich wichtig. Das Unterscheidungsvermögen unterscheidet ja genau das Vermögen. Es soll nichts außer Schrift in diesem Beitrag zu sehen sein, weil überhaupt nichts zu sehen sein soll, nicht von mir, ich bin Dichterin, basta, ich soll die Klappe nicht halten, ich soll dichten, ich soll bei meinen Hufen reiten, wenn es nicht anders gehen kann, die Hufe einklappen, ins Pferd, wenn es sein muss, hineinsondieren, bis in den Pferdeleib soll ich die Hufe stopfen, nur wenn es sein muss, ich könnte es ja auch so arrangieren, dass es nicht sein muss, ich müsste ja nicht gegen jedes Hindernis anrennen und es Welt nennen, ich könnte, was nicht sein kann, ignorieren und jenseits davon operieren. Beyond the green fields.

Es ist sehr verständlich und so soll es auch sein. Hier soll niemand Pferde hören oder sehen, sondern lesen, und wenn wer hier Pferde sieht, dann die imaginierten, die erlesenen, beschriebenen, evozierten, die angedeuteten, ausgesparten, ja, die dargestellten auch, aber mit Worten. Hier soll auch niemand im Bauch des Pferdes schwarz sehen oder entdecken. Gut, das ist jetzt ein Zeugma. Jetzt aber Schluss. Das ist doch das Geheimnis der Kunst, ja? Der Wald der Metaphern. Die Vögel. Die Vorstellungsorgane aktivieren bitte. Bei Zeichen bleiben. Den Zeh nicht krümmen. Ja, aber das Hirn natürlich. Was halten Sie von Fantasie. Stellen Sie sich nicht so an, stellen Sie sich das jetzt vor, was sie nicht sehen werden, werden sie nämlich fühlen. Ohne doppelten Boden ist Kunst doch keine. Keine Zauberkunst, genau. Wollen wir immer weiterzaubern? Gehen die Kaninchen nie nachts nach Hause? Sie sollen hier lesen, was Sie hier lesen sollen, und dann dürfen Sie sehen, was Sie sehen wollen. Auch sich selbst. Wegen Layout. Wegen Konzept. Wegen Redaktionssitzung. Wegen Sparten. Nicht wegen Spagat. Wegen Ordnung. Wegen Kultur. Wegen Klassik. Wegen Beschränkung. Wegen Qualität. Wegen Hierarchie. Wegen Einsparung. Wegen Entscheidung. Wegen Büro. Wegen wie immer. Wegen Vorstellungen, wegen Vorstellungen, wegen was. Wegen irgendwas, was ich schon wieder nicht weiß. Wahrscheinlich einfach wegen der Welt. Oder einfach wegen der Einfachheit. Welcher Einfachheit. Was? Welcher Einfachheit.

Der Einfachheit von Gertrude Stein? Hier werden jetzt einige Sätze von Gertrude Stein zu lesen sein, die nicht deutsch sind.

«I like a thing simple but it must be simple through complication. Everything must come into your scheme, otherwise you cannot achieve real simplicity. A great deal of this I owe to a great teacher William James. He said: ‹Never reject anything. Nothing has been proved. If you reject anything, that is the beginning of the end as an intellectual.› He was my big influence when I was at college. He was a man who always said: ‹Complicate your live as much as you please, it has got to simplify.›»

Ich lese diese Sätze in der Untergrundbahn. Ich bin in London. Noch weiß ich nicht, dass ich Ihnen diese Sätze einmal abschreiben werde. Sie fallen in mich ein wie ein Stein, so einfach ist das und so schwer, und außerdem sollte das in einem anderen Text morgen passieren, oder übermorgen, mir sollte dringend etwas zu Stein passieren, mehr als gestern Nacht, als ich aufschrieb (was Sie nichts angehen würde, wenn Sie das sehen würden, was hier zu sehen gewesen wäre, jetzt aber geht Sie deshalb alles an, was danebenliegt:

«Stein. Wie soll ich dich passieren lassen. Denn du passierst. You are going to happen. Du gehst in Brüche? Du gehst als Brücke? Du gehst durch Bücher im Sturm wie Storm mit dem sterbenden Kind im Arm durch den Wald auf dem Pferd durch den stürmischen Wind? Du gehst in den Himmel? Du fällst durch mich durch und ich steige. Such simple as a stone. Such much. Der Steinhengst eilt unter der Erde. Sie ist sein Himmel.»

Da sehen Sie, wie einfach Übersetzen ist. Sie ist sein Himmel. Sie sehen, wie schwer einfache Sätze sind, wenn der Himmel die Erde ist und das Subjekt der Hengst. Eine Abhandlung über den Satz: Sie ist sein Himmel, wenn der Himmel die Erde ist und sein sich auf den Steinhengst bezieht, der unter der Erde reitet, wäre etwas gewesen, was sich hier anstünde, dass Sie es läsen. Es wäre vernünftig, darüber zu schreiben. Sie können mit Ihrer Vernunft sich dieses Schreiben über den Satz: Sie ist sein Himmel selbst schreiben. Es wird Ihnen wehtun. Ich persönlich tue Ihnen heute nicht weh. Solange ich in der Sprache bleibe, bleibt alles gut, ja? Rusnez. Keine ruchlose Zensur, nein? Aber es wäre ja Sprache gewesen. Es ist gut, dass es wieder passiert ist und Sie hier nicht sehen, was hier zu sehen gewesen wäre, wenn es nicht wieder passiert wäre. Es ist hier so deutsch und deutlich, wie nur etwas sein kann, das nicht ist, aber anders. Es ist aber es.

Ich hätte es Jod genannt, was hier zu sehen gewesen wäre. Sie wären in Ihrem inneren Schädel einfach Dämonen begegnet. Diesem und jenem. Dieser hätte von Ihrer Milz gegessen, diesem hätten Sie Ihren Zehen zubereitet. Jener jedoch hätte Sie von seinen mitgebrachten Früchten kosten lassen und dieser da hätte Sie sogar gewärmt, wenn es kalt gewesen wäre. You would have been in the middle of this Schwarzdescovery right in the middle of the german angst. Ist das deutsch genug?

Destiny wär zu sehen gewesen, happiness und der Schaden als Schatz. Sie hätten auch Michael Jackson gesehen, der sein Baby aus dem Fenster hält, während es Beddream heißt. Ich hätte sie vor die schwarze Henne gestellt. Mitten davor. Sie hätten mit Ihrem schwarzen Kopf in dem Körbchen auf dem Wasser gelegen, das notdürftig zugenäht gewesen wäre mit drei Spinnenstichen, und am Ufer hätte dieser Dichter gesessen, mit einem weißen Tuch über seinem Kopf, mit einer schwarzen Hand in seiner Hosentasche und einem Fuß, der den Boden nicht berührt, weil er auf dem Weg zu Ihrem Kopf gewesen wäre, um mit ihm zu verschmelzen im guten alten alchemistischen Siedesinn. Dies wäre der Ausweg aus dem Albtraum gewesen, in dem Sie gerade sind. Ich bin yssicher, Sie sind in einem Albtraum, auch wenn Sie es nicht sehen, was Sie sehen würden, wenn sie eingestiegen wären, weil ich Sie eingeladen habe, sind Sie doch jetzt Blackentdecker unter Blackentdeckern.

PS: Assoziation gibt es, wie es den kleinen Finger neben dem Ringfinger neben dem Mittelfinger neben dem Zeigefinger neben dem Daumen gibt, das ist die Handreihe. Ist die Hand frei? Dies zum Verfahren. Als Vorbeugung oder Verbeugung, je nachdem wer Sie sind, persönlich.

Dominik Steiger, *1940 in Wien. Lebt als Schriftsteller, Künstler und Musiker in Wien. Zahlreiche Ausstellungen, Musikprojekte und Veröffentlichungen: u. a. «Mein Fortdeutsch – Heimdeutscher Radau», 1978; «Wiener Lieder und Gemischte Weisen» 1979; «Sinngummis à la Minute» (1997); «sink um i alle minuti» 2001, Courtesy Galerie & Edition Marlene Frei.

Dominik Steiger

Abra Palavra

Dass Schreibende auch malen oder mit Tönen und Klängen experimentieren, dass Malerinnen zugleich Texte schreiben und fotografieren, mag nicht selten sein. Dass es allerdings in eigenständiger und in jedem Medium gelingender Weise möglich wird, ist keine Selbstverständlichkeit. Der Wiener Dichter, Hörspielautor, Maler, Zeichner, Bildhauer und Musiker Dominik Steiger ist ein solches Multitalent. Schreibend, malend, zeichnend und musizierend entdeckt und entwickelt er Welten, so ist er dem Sinn und Unsinn auf der Spur. Steiger, der mit Künstler-Wahlverwandten wie Konrad Bayer, Oswald Wiener, Hermann Nitsch, Dieter Roth oder Gerhard Rühm zusammengearbeitet hat, schickt uns folgendes Biografisches: «Kindheit am Tisch Traum a. 1959 erste Regung, neuroerotisches Material als quantenfanatischer Infanterist der Phantasie hervorzukehren – Krümelplastik, Brösel-poesie – besenpoetisches Potenzial (Pinsel). Seit 1972 auch andere musische Praktiken zur Verwertung diverser Schütti-Anlagen, u.a. im Buchdienst Fesch. Zuletzt in der Tagtraum-

Arbeiterpartei». In einem gemeinsam mit Gerhard Rühm herausgebrachten Katalogbuch mit Zeichnungen (Sammlung Oskar Schmidt, Wien 1987) findet sich ein anderer biografischer Text, in welchem vom Aufwachsen in einer Bäckerfamilie, von Schulkrisen, Reisen, der Fremdenlegion, von Unglück und Selbstmordversuchen die Rede ist, dann auch von der Auffindung seiner eigentlichen Berufung, wie man vielleicht sagen würde, oder wie Dominik Steiger selbst sagt: «nach entlassung lerne künstler kennen (adebar). beginne zu lesen. schulbuchhorror lässt nach. erster gedichtband im selbstverlag 1961. parisbesuche. lerne meinesgleichen kennen.» Und dann: «(...) erfolg mit zwei taschenbüchern derber kurzgeschichten (süffisante wortclownerien) bei suhrkamp macht nicht froh. schwarze sackstimmung stellt sich wieder ein. durch zeichnen finde aus der klemme. günter brus veröffentlicht meine ersten zeichenversuche von 1972 in schastrommel nr. 12 (‹Biometrische Texte›). schreibe danach ohne viel umstände (senza tanto...) mehrere bücher unter dem sammeltitel ‹Tragelaph› (bockshirsch), die in den außenseiterverlagen hundertmark/berlin und seedorn/zürich erschienen. erste lieder auf langspielplatte 1979 in dieter roths verlag (‹Wiener Lieder und Gemischte Weisen›). seither mehrere audiokassetten gefühlvoller lieder. bei bilderausstellungen, lesungen, öffentlichen musikdarbietungen bevorzuge improvisiertes vis-à-vis. peinliche bis wunderbare resultate.» Dominik Steiger, der seine in den unterschiedlichsten Medien verwirklichten Produkte auch bezeichnet als «fänofonogrammatische versuche selbstaufhebender art mit der nebenabsicht, spirituelle levitationsereignisse bei anderen zu provozieren sowie brausepulver zu geistigem lift fertig mitzuliefern», ist inzwischen ein von Gleichgesinnten geschätzter Künstler, doch weiter herum nach wie vor noch zu entdecken.

Ähnlich wie in seinen Texten die Worte hergekollert scheinen, um sich auf dem Papier festzusetzen für allfällig vorhandene Leserinnen und Leser, sind die filigranen, vielschichtigen und mit Anspielungen gespickten Zeichnungen auch eine bildnerische Form (neo)surrealistischer écriture automatique: Von der Phantasie und Intuition ans Tageslicht beförderte Zeichenknäuel, herausgefischt aus einem Teich voller Ideen, teils versehen mit handschriftlichen Titeln und Hinweisen, geheimnisvollen Sätzen, Wortstücken und Buchstabenfragmenten.
Für «entwürfe» hat Dominik Steiger eigens ein Künstlerbuch aus zwölf Originalzeichnungen zusammengestellt. Die Zeichnungen dieses Unikats mit dem Titel «ABRA PALAVRA» sind hier in der Reihenfolge des Buches abgebildet. Sie stellen ein ABC der Strichvarianten vor oder eine Palette möglicher Buchstabenfolgen. Entzifferbar oder auch nicht, eröffnen sie ein zauberhaftes Spektrum der Striche, Zeichen und Bedeutungen – eine Grenzgängerarbeit mithin.

Nadine Olonetzky

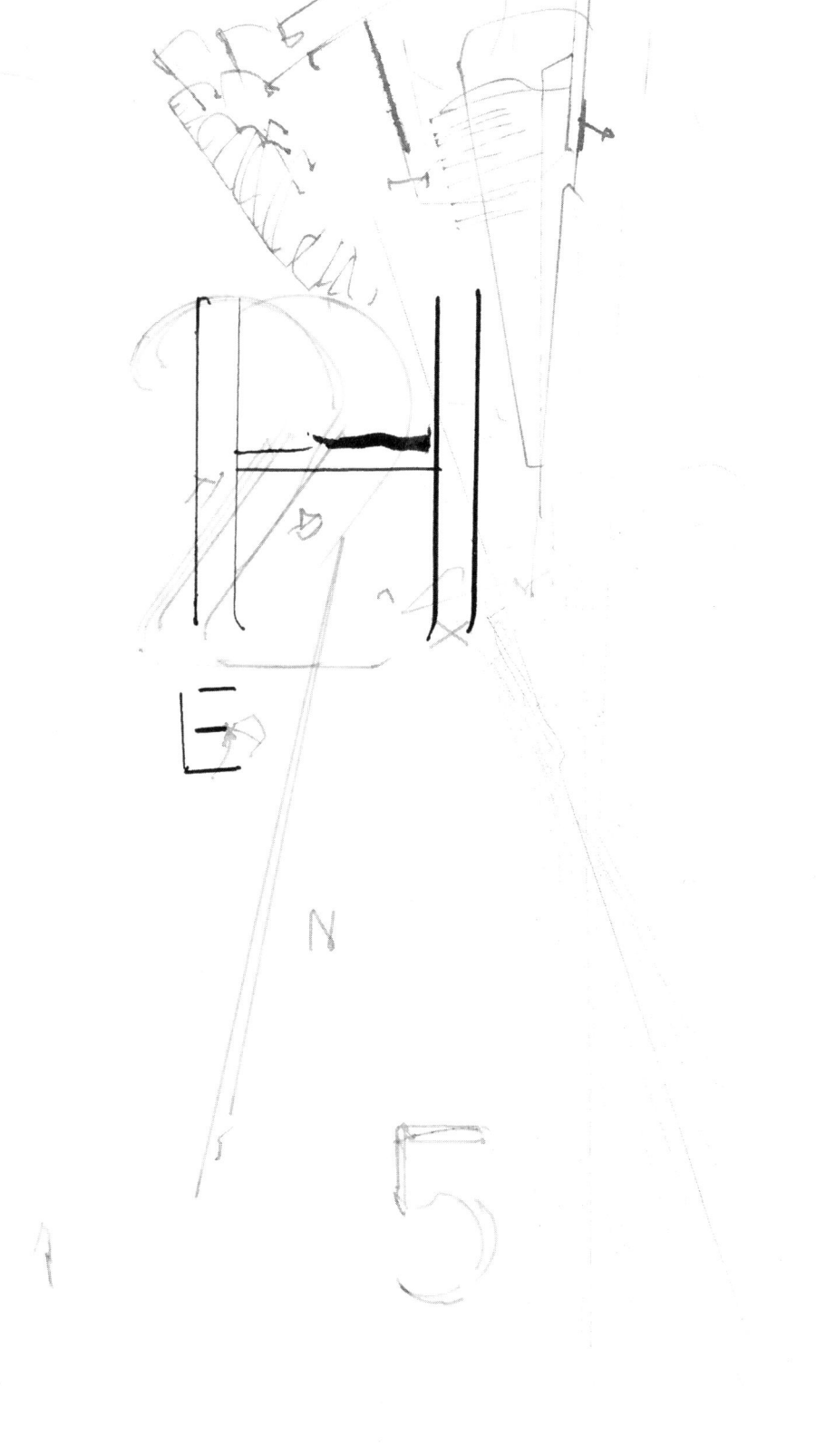

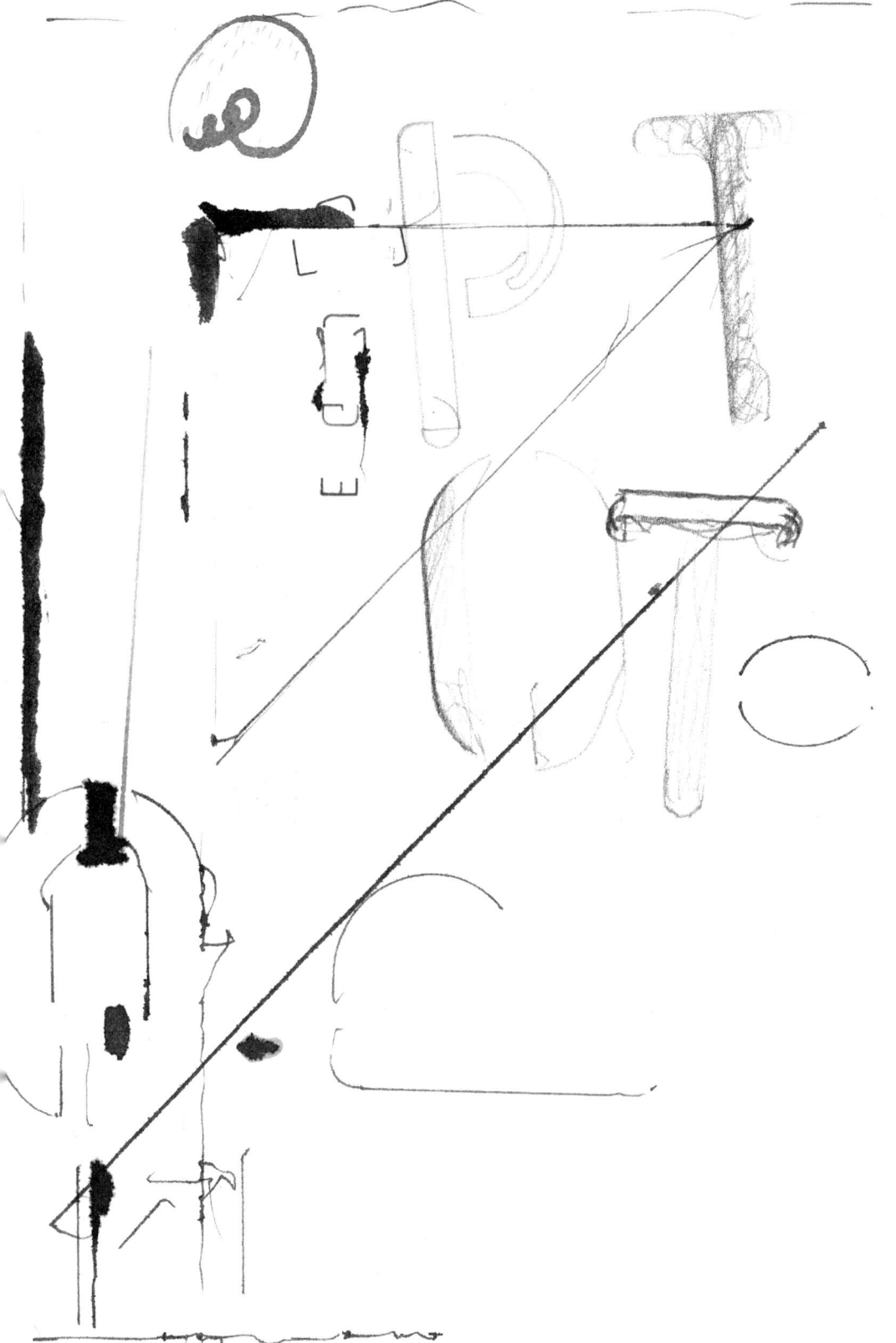

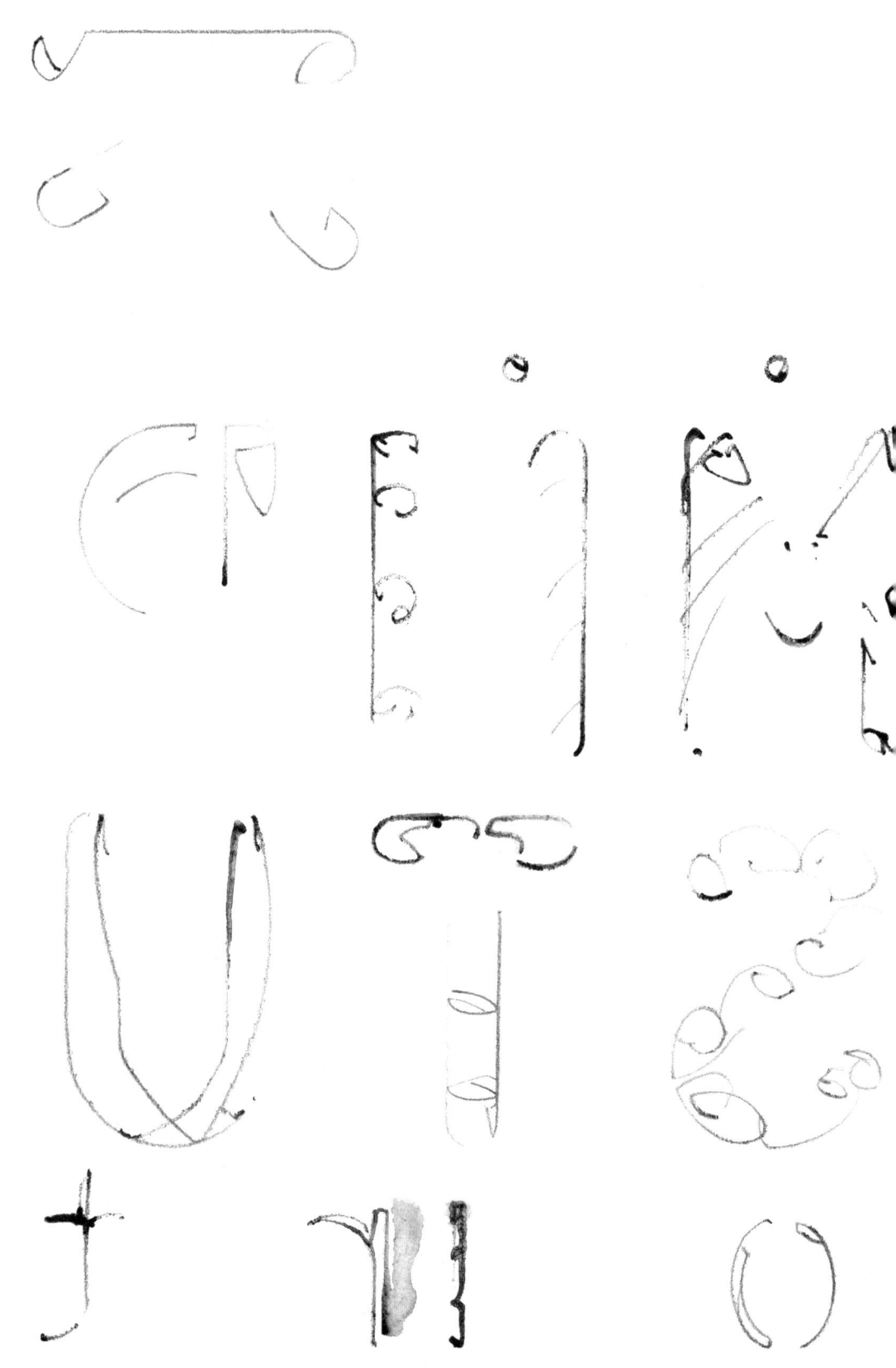

E H M, TU?

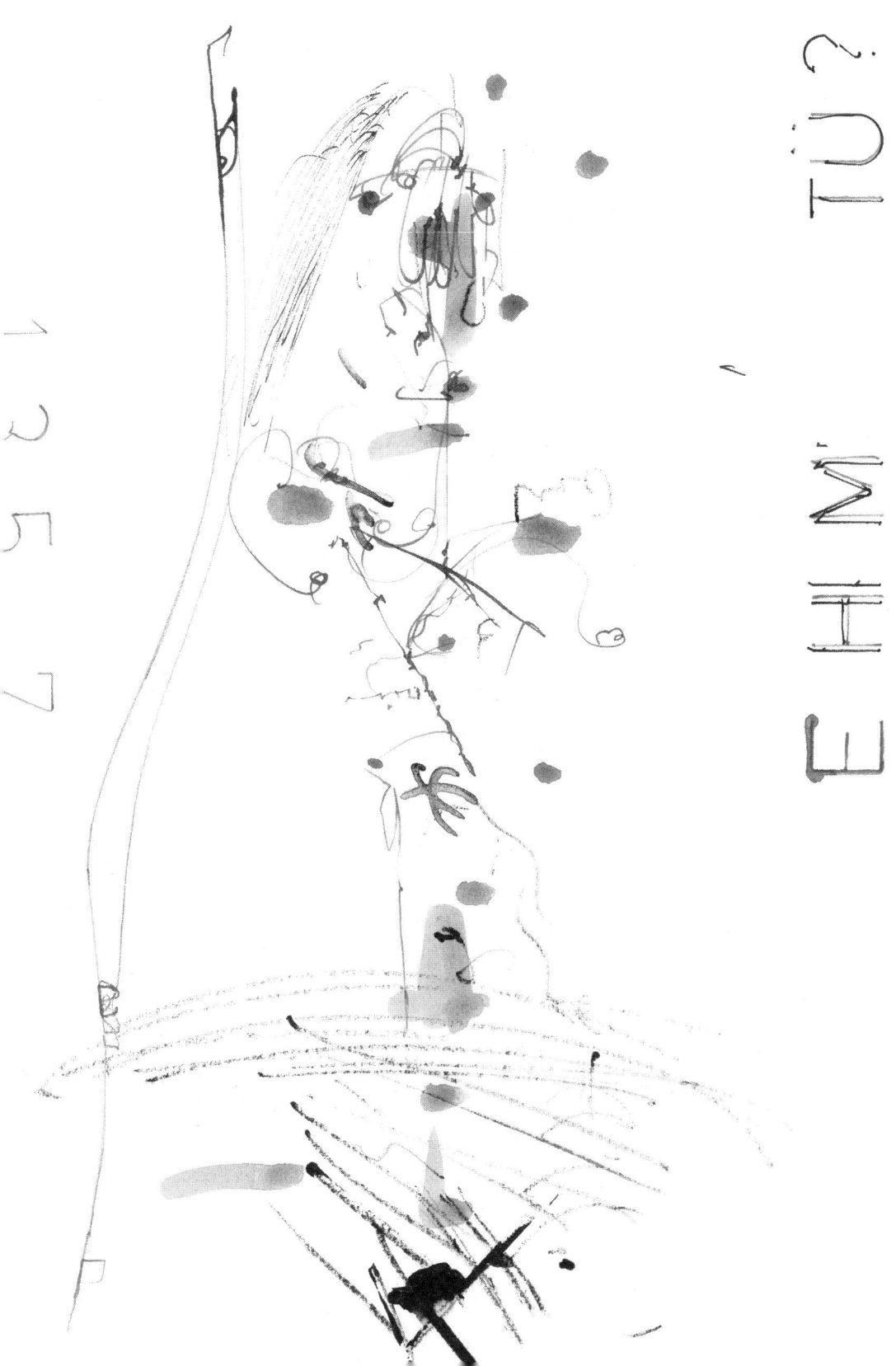

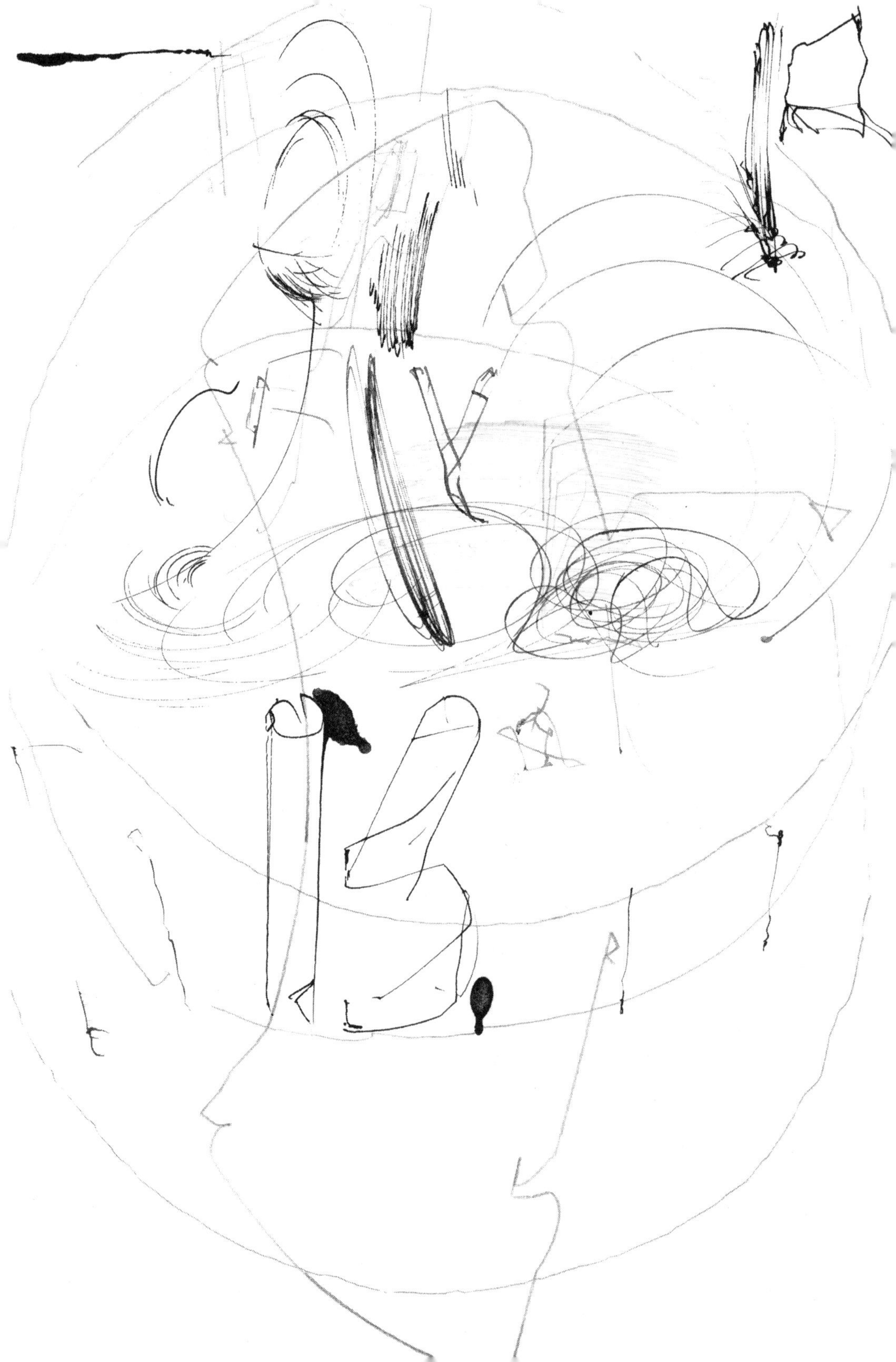

ARB
pata vra

DE TO

POT

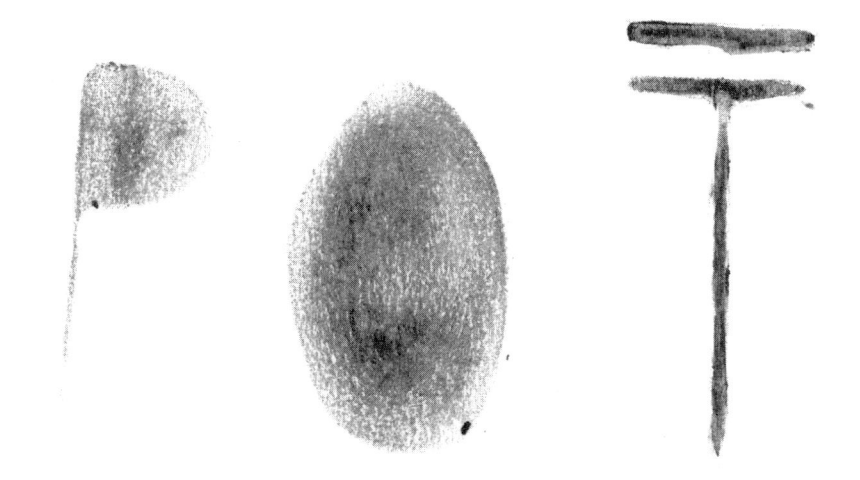

Beat Mazenauer, *1958 in Zofingen. Germanist und Historiker, freier Autor und Netzwerker (www.kat.ch/bm), lebt in Luzern.

Beat Mazenauer

Die Wiedergeburt des Autors

diskussion

Vorsatz: Der Blick zurück nach vorn
Alle Umbruchszeiten und künstlerischen Schnittstellen bringen ein hohes Maß an Verunsicherung mit sich. Der Schriftsteller Walter Grond hat es provokativ auf den Punkt gebracht: «Entgrenzung bedeutet immer auch ein Ziehen neuer Grenzen. Zum Ärgerlichen heute zählt auch die vergrämte 68er-Generation, die viel zur neoliberalen Entwicklung beigetragen hat und nun den florierenden Propagandamarkt der kulturpessimistischen Ohnmacht bedient.»

Im Grunde nichts Neues auf dem Feld der Literatur. Jede erprobte und etablierte Ausdrucksform ruft nach ihrer Negation oder nach ihrer Erweiterung. Im Alten steckt in nuce schon immer das Neue, und vice versa im Neuen das Alte. Die Reinkarnation von Themen, Trends und Thesen, die sich vor Zeiten scheinbar überlebt haben, ist demnach ein zentraler Bestandteil der ästhetischen Fortentwicklung. Das komplexe Zusammenspiel von Kontinuität und Diskontinuität, Diachronie und Synchronie hat der Postmodernismus zum Kernpostulat erhoben. Hinter dessen diffuser Formel vom «anything goes» steckt ein ästhetisches Konzept, das sich weniger als anti-modern, denn als radikal modern versteht und das Bewusstsein dafür stärkt, dass jede erneuernde Avantgarde einer vergangenen Arrièregarde hinterherfolgt. Dieses Bewusstsein für die Tradition aller künstlerischen Hervorbringungen impliziert – wohl verstanden nur ästhetisch gewendet – eine Befreiung von den traditionellen Hierarchien und von der Last der Geschichte.

Genieästhetik adieu, um den Preis ihrer Dekonstruktion. Gilbert Adair bezeichnete die «wissende Rekonstruktion der Vergangenheit» als das zweimalige Klingeln der Postmoderne. Ironisch in Anführungszeichen gesetzt werden vergangene Formen und Stile rückerobert, denn: kein Wort, das nicht schon geschrieben, kein Experiment, das nicht schon versucht worden wäre. Die Erinnerung an die Vergangenheit erlaubt einen gelasseneren Blick in die Gegenwart und in die Zukunft. Jean-François Lyotard hat dafür den Begriff des «Futur antérieur», der vorzeitigen Nachzeitigkeit geprägt. Dieser Blick führt bezeichnenderweise zur Quelle unserer Literatur zurück.

Homer: Der Sündenfall
Ob es einen Ependichter namens Homer überhaupt gegeben hat, darüber streiten noch die Geister. Was wir kennen, sind zwei umfangreiche Epen: Die «Ilias» und die «Odyssee», verfasst um etwa 730 bzw. 700 vor unserer Zeitrechnung. Eingespannt in eine damals völlig neue, epische Struktur erzählen sie eine Myriade von landläufigen Mythen, Sagen und Legenden. All diese Geschichten waren damals von Sängern, Rhapsoden überliefert, mithin aufbewahrt worden. In rhythmische Textstrukturen eingebettet und nach einprägsamen Stichworten geordnet trugen sie mündlich vor, was wissens- und erinnernswert war. Mnemotechnische Automatismen und Improvisationsgabe hielten sich dabei die Waage, historisch-kritische Treue war nicht intendiert. Die Kunst, an dieser Textur zu weben und flexibel aus der kollektiven Erzähldatenbank zu schöpfen, wurde mündlich von Generation zu Generation weitertradiert.

Homer war einer dieser Rhapsoden. Im Unterschied zu den Zunftgenossen begann er jedoch, die eben zum 26-Zeichen-System optimierte Alphabetschrift zu nutzen, um die Gesänge von Achill und Odysseus schriftlich festzuhalten und auf bewundernswerte Weise in einen übergreifenden Erzählrahmen einzuspannen. «Ilias» und «Odyssee» sind zwei großartige Remixes der rhapsodischen Gesänge. An der Schnittstelle von oraler und schriftlicher Poetik markieren sie den Beginn unserer Literaturgeschichte.

Allerdings leitete, wie Sokrates im «Phaidros»-Dialog beklagt,

die Schrift bzw. die Sicherheit, die sie scheinbar gewährt, den
allmählichen Verlust der oralen Mnemotechniken ein. Der Erzähl-
raum wurde zum Buch, mit der Folge, dass der spontane Abruf aus
der Gedächtnis-Datenbank mehr und mehr abgelöst wurde durch
stringente Handlungsbögen und bibliothekarische Speicher-
medien.

Fischart: Übersetzung als Transaktion
Bevor sich allerdings ein geregelter Schriftverkehr mit urheber-
rechtlicher Absicherung und grammatikalischer Richtigkeit
gesellschaftlich etablieren konnte, mussten erstens die Kultur-
techniken Lesen und Schreiben gelernt werden und galt es zwei-
tens, das neue Schriftterrain zu erkunden und gegen vielfältige
Gegner zu verteidigen. Schriftwerke waren noch Gemeingut,
weshalb bis in die frühe Neuzeit ein munteres Kopierunwesen
florierte, das sich in unkorrekten Abschriften und Raubdrucken
äußerte.

 Mit welch unverschämter Kreativität in dieser Freibeuterzone
mit Texten umgesprungen wurde, bezeugt keiner schöner als der
Straßburger Humanist Johan Fischart, der maßloseste Fabulierer
deutscher Zunge und sprachverliebte Vorfahr von Jean Paul oder
Arno Schmidt. Keiner flucht, flätz, flachst so unmäßig schön
wie Fischart. An seinen Schimpftiraden, Verballhornungen und
«redtorichen Bossen» ist er zu erkennen. Besonders im Opus
«Affen-theurlich Naupengeheurliche Geschichtklitterung» von
1575. Der Titel ist Programm. Unter eigenem Namen klittert er
eine fremde Geschichte, konkret François Rabelais' erstes Buch
«Gargantua», neu zusammen. Rabelais, selbst ein beherzter
Klitterer, wird vom unverfrorenen Fischart «überschrecklich
lustig in einen Teutschen Model vergossen», sodass das franzö-
sische Original nur mehr andeutungsweise erkennbar bleibt.
Dessen vergleichsweise artige Anrede «Beuveurs tresillustres
& vous Verolez tresprecieux» verhundertfacht Fischart in einem
wahnwitzigen Stakkato: «Ihr meine Schlampampische gute Schlu-
cker, kurtzweilige Stall und Tafelbrüder: ihr Schlaftruckene
wolbesoffene Kautzen und Schnautzhän, ihr ...». Protest darob
ist nicht bezeugt, vielmehr gilt Fischarts Buch als ein Meisterwerk der deutschen Sprache.

 Der Humanist trachtete damit «ein verwirretes ungestaltes
Muster der heut verwirrten ungestalten Welt» zu vermitteln.

Entsprechend sind seine «hirntobigen» Wortkaskaden nicht leicht zu lesen. Die schönste Wirkung entfalten sie, wenn sie laut zu Gehör gebracht werden. Einer Rhapsodie wie einem Rap vergleichbar.

Flaubert: Der Tod des Autors – avant la théorie
Alle wahrhaft große Literatur sei der Natur nach enzyklopädisch, wusste Gustave Flaubert, wobei er mit dieser Aussage namentlich auf Homer und Rabelais abzielte, die «Enzyklopädien ihrer Zeit» gewesen seien. Flaubert war ihr legitimer Erbe. Für sein unvollendet gebliebenes Opus Magnum «Bouvard und Pécuchet» hatte er sich während Jahren durch rund 1500 Bücher hindurchgefressen, vielleicht auch auf der Suche nach Gewissheit, vor allem aber auf der Lauer nach entlarvenden Dummheiten. Aus diesem immensen Fundus schöpfen seine beiden Helden, wenn sie laien- und stümperhaft übers damalige Weltwissen hinwegsurfen. Weil sie den empörenden «Mangel an Gewissheit» dabei aber nicht loswerden, ziehen sie sich am Ende wieder auf ihre angestammte Tätigkeit, das Kopieren, zurück. Denselben Weg trachtete auch Flaubert zu gehen. Dem ersten Romanteil, der uns vorliegt, sollte ein zweiter folgen, der aus wenig mehr denn Zitaten besteht: das «Sottisier». «Dieses Dossier der menschlichen Dummheit hinterließ einen sich auftürmenden Berg von Notizen, der zu verstreut, zu bunt gemischt war, um je als Ganzes publiziert zu werden.» Schrieb Guy de Maupassant 1884, von dem wir Beispiele und den Plan zum «Sottisier» kennen. Unter diesem grandiosen Zitatenberg wollte sich Flaubert zum Verschwinden bringen: Selbstmord als Autor begehen. Im «Sottisier» wollte er selbst zum Kopisten werden. Nur zwei oder drei kleinere Erzählungen, ebenfalls von Bouvard und Pécuchet kopiert, hätten wenigstens die Erinnerung an ihn bewahrt.

Dieser Akt ruft augenblicklich nach Roland Barthes' Theorem vom Tod des Autors, der seine einheitsstiftende Funktion an den Leser abgetreten habe. Schreiben und Stil hießen für den Autor nicht länger, Originalität zu zeugen, sondern zu kompilieren und zu zitieren: «Seine einzige Macht ist, das Geschriebene zu mischen.» Flauberts «livre chéri», so Barthes, sei nicht der Roman, sondern das Wörterbuch gewesen. Lexikalische Schreibweise und Kopierakt waren seine Antworten auf die Krise der Wahrheit, womit Flaubert wegweisend die Schnittstelle zwischen

Klassik und Moderne besetzt. Unter seiner «folie de l'écriture» bringt sich der Autor selbst um – und kann wieder auferstehen.

Walser u. v. a.: Plagiat oder intertextuelles Spiel?
Plagiatorische Praktiken sind keine Seltenheit in den verschiedensten Kunstformen. Daran hat die Kreation des Begriffs Originalgenie (ursprünglich eine Reaktion auf das Kopierunwesen) nur wenig geändert, auch wenn dadurch der Plagiator inkriminiert wurde. In Form von intertextuellen Bezügen haben nebst Rabelais auch Cervantes oder Jean Paul geradezu «plagiatorische» Poetiken formuliert. Beide verstecken sich gerne hinter Herausgeberfiktionen, und beide paraphrasieren nach Lust und Laune die zeitgenössischen Literaturmoden. Die Grenze zwischen Ernsthaftigkeit und ironischem Spiel, Intertextualität und Plagiat ist oft nicht zweifelsfrei zu bestimmen. Haben die Brüder Grimm die alten Märchen von Perrault und Basile bloß abgekupfert und mit erotischen Tabus belegt, oder haben sie sie neu kreiert?

Selbst einer wie der unscheinbare Robert Walser entzieht sich dem Dilemma nicht. Werner Morlang umschreibt seine Doppelbödigkeit mit den Begriffen «Mimikry und Anlesen». Walser war ein Vielleser, der seine Lektüren oft ungehemmt in seine Texte einfließen ließ: mal intertextuell raffiniert, mal unverblümt plagiierend. «Systematisch beutete er fremde Texte aus, erzählte Kioskhefte nach und nannte diese Methode Anlesen, die ihn davor bewahrte, dass ihm der Stoff ausging.» Deshalb habe er auch mit Milde darauf reagiert, als er Flaubert beim Abschreiben ertappt habe.

Immerhin ist aus der neueren Literaturgeschichte kein Phänomen vergleichbar der Kunstwerkstatt oder der Art-Factory bekannt, mit denen Künstler wie Rubens oder Warhol ihren Output seriell optimierten.

Burroughs/Währ: Zerschneiden und Zusammenfügen
Dass Texte zerlegt und zerschnitten werden, ist eine alte surrealistische Praxis, die ihrerseits auf traditionelle Praktiken der Zensur und des Biblioklasmus zurückgehen. 1959 verfasste der Maler und Autor Brion Gysin mittels Cut-up-Technik aus Zeitungsartikeln neue (Zufalls-)Texturen. Die Aktion animierte William Burroughs 1963 zu einer essayistischen Anleitung für «die Zerschneide-Methode». Man nehme einen Text, zerschneide

ihn, mische die Stücke gut, gegebenenfalls mit Zeilen von andern Autoren, und setze sie neu zusammen. Dergestalt fügen sich die Zeilen zu neuem Sinn und verbinden sich beispielsweise Rimbaud und Shakespeare zum zweistimmigen Chor. «Das Zerschneiden und Neuordnen einer Seite geschriebener Wörter führt eine neue Dimension ins Schreiben ein, die den Schreibenden in den Stand setzt, Bilder in eine Cinerama-Variation zu verwandeln. Bilder verändern Sinn unter der Schere Geruch Bilder zu Klang sehen zu Klang Klang zu Bewegung.»

Die Cut-up-Technik regte wenig später auch Paul Wühr zu rhythmischen und semantischen Rekombinationen in seinem Großpoem «Gegenmünchen» an. Daraus entwickelte er anfangs der 1970er Jahre einen neuen Stil für O-Ton-Hörspiele, der eher mit Sampling und Remix denn mit dem mittlerweile geläufigen Radio-Feature zu umschreiben ist. Wühr sammelte Stimmen und Aussagen, nicht um sie durch einen Erzähler ordnen zu lassen, sondern um sie zu zerlegen und kommentarlos neu zusammenzufügen. Daraus sind chorische Werke entstanden, in denen das originale Stimmmaterial in strenger rhythmischer Neuordnung für sich spricht und nicht durch Kommentare sinnfällig aufgeladen wird. Diese «zweite Authentizität», diese ungebeugte Gegenwirklichkeit «bleibt hart an einer korrumpierten Wirklichkeit und spielt ihre in kritisches Material veränderten Dokumente gegen sie aus».

Grond: Homer redivivus im Kollektiv

2800 Jahre nach Homers «Odyssee» hat sich nicht nur das Mare-Nostrum zum Erdenrund geweitet, auch die Formen kollektiver Autorschaft sind neue geworden. Unter veränderten ökonomischen Bedingungen initiierte Walter Grond eine neue Irrfahrt durch die Welt, freilich mit Kompass und Rückkehrgarantie. Mit Rückgriff auf Andy Warhols «Factory» zum einen, dessen kommerzielle «Absolut» Wodka-Werbung zum andern entstand das Projekt «Grond Absolut Homer». So wie Homer die geniale Summe der rhapsodischen Gesänge seiner Epoche darstellt, sollte «Grond» für eine «Neuschreibung der Odyssee» stehen, nicht mehr als Autor, sondern als Impresario und Koordinator eines Unternehmens, das 21 Autor/innen für sich beschäftigte. «Ich als Sekretär war also eine Art Aggregat, das sich mehr und mehr auflud, indem es von den anderen geschrieben wurde, und nun in einer gegenläufigen Bewegung diese Entwicklung, die Entstehung des Romans, aufschrieb.»

Symptomatisches geschah. Der Literaturbetrieb reagierte ablehnend, er fühlte sich wohl unwohl an das schnöde Ghostwriting für Show- und Politprominenz erinnert. Dafür signalisierte die Kunstszene Interesse, da sie längst mit kollektiven und transdiziplinären Prozessen vertraut war. In Zusammenarbeit mit dem Elektronikkünstler Gerfried Stocker wurde das Homer-Projekt um eine Klangskulptur für das ORF-Kunstradio erweitert.

Im Spannungsfeld zwischen Kunst und Literatur operiert auch der Neoismus, als dessen Kristallisationsfigur und literarisches Markenzeichen sich der Name Luther Blissett etabliert hat. Luther Blissett ist eine multiple Persönlichkeit, eine öffentlich zur Verfügung stehende Signatur. In dieser Figur werden die traditionellen, auch von der klassischen Avantgarde gehüteten Schätze der Kreativität und Authentizität überwunden. Die ihr zugrunde liegende Methode ist die kollektive Aneignung, wer will, kann seine Texte damit unterzeichnen. In dem von Luther Blissett autorisierten Essay «Plagiarism and Why You Should Use It» findet sich die flotte Formel: «plagiarism saves time and effort». Damit ist ein neuer Kreativitäts-Standard gesetzt.

Federman/Amerika: Relaunch des Autors als Playgiator
Fritz Mauthners Bild von der Sprache als einem gemeineigenen Brunnen: «Alles gehört allen, alle baden darin, alle saufen es [das Wasser], und alle geben es von sich», bleibt nicht ohne Effekt. Es ist Wasser auf die Mühlen derer, die Plagiarismus und Kopierkunst für kreative Tugenden halten. Seien wir doch ehrlich: War nicht Homer der erste Autor in der Literaturgeschichte, der sich der postmodernen Zitat- und Sampling-Techniken bediente? Die künstlerische Einbildungskraft ist frei: Sie mixt, remixt, zitiert, imitiert, ohne ihren Inspirationsquellen immer Tribut zu zollen. Der Mensch lebt in der Sprache und ist zugleich außer ihr, sie ist seine Welt und sein Medium. Entsprechend wandert auch der Autor nur durch sie hindurch, um in den Oasen aus ihren Quellen zu schöpfen. «Wie können wir von ‹seiner› Sprache reden, wenn die Sprache, die er zitiert, nur geliehen ist?», bemerkt Vilém Flusser.

Die alten Traditionen erneuern sich fortlaufend in Gestaltungsformen und Kreativitätspotenzialen, die durch digitale Schreibtechniken erweitert worden sind. Wie beiläufig wird dabei die Genieästhetik des 19. Jahrhunderts und mit ihr das hohe Ideal des Autors als genialischem Schöpfer hinterfragt. Daran freilich stirbt der Autor nicht; eher bringt er sich selbst um wie bei Flaubert, um danach permanent wieder neu geboren zu werden. Ich rezipiere, wähle aus und gestalte neu, lautet die Devise. «Surf, Sample, Manipulate» hat der amerikanische Autor und Netzkünstler Mark Amerika sein «anti-ästhetisches» Programm überschrieben, wobei er sich dabei auf Raymond Federman stützt, einen Autor, der seit Jahren mit seinen Thesen zum literarischen Schaffen herausfordert: «Schreiben heißt zuallererst Zitieren.»

Unschwer zu erraten, dass aus solchen Gedanken neue literarische Impulse entstehen, die den traditionellen Formen zuwiderlaufen, sie negieren und provozieren. Unschwer zu erraten auch, dass dadurch das traditionelle Bild des Autors als Urheber, als genialischer Schöpfer grundlegend in Frage gestellt wird. Schriftsteller sind Plagiatoren, schreibt Federman, oder besser: «Pla(y)giatoren», und der Text gehört allen.

Nachsatz: Lesen Sie, schreiben tun alle!
In einem literarischen Tischgespräch, das Friedrich Christian Delius zwischen Julio Cortázar, Viktor Sklovskij und Nicolas Born inszeniert hat, lässt Delius letzteren sagen: «Sie laufen weg. Die Leser werden immer weniger, weil sie alle zu Autoren werden. Alle schreiben, keiner liest.»

Also.

Emil Zopfi, *1943 in Wald. Lebt in Obstalden. Zuletzt: «Tödi, Sehnsucht und Traum», Bergmonografie, AS-Verlag, Zürich 2000.

Emil Zopfi

Vom Schreibfluss zur Textarchitektur

diskussion

Neue Technik schafft auch immer neue Sprache. «Textverarbeitung» beispielsweise, ein Wort, das hässlicher nicht sein könnte. Es klingt, als würden da Wörter durch den Wolf gedreht und heraus quillt Text. Kein Wunder, verabscheuten die literarischen Autorinnen und Autoren am Anfang das neue Gerät mit dem englischen Namen «Computer», zu Deutsch «Rechner». Man fürchtete, die Gefühlswelt könnte Schaden erleiden, der gepflegte Stil im Textwolf zerquetscht und das Verfassen von Literatur könnte zu einer mathematischen Aufgabe werden. Zudem: Die ersten Personalcomputer, die um 1980 auf den Markt kamen, waren zu teuer für das stets leere Portemonnaie der Dichter. Und so blieben sie vorderhand bei der alten Adler oder Hermes oder bei der Füllfeder und blickten schief auf jene, die das Tabu brachen, sich mit Apple II und Thermoprinter ausrüsteten oder mit dem IBM-PC mit Nadeldrucker.

Zu jener Zeit hatte ich schon einige

Bücher verfasst, und trotz eines Migros-Kurses im Zehnfingerschreiben brauchte ich Schere und Kleister, bis die Endfassung eines Manuskriptes stand. Den ersten Entwurf schrieb ich von Hand und mit Bleistift. Dann folgte das mühselige Abtippen, irgendwann ein bisschen erleichtert durch den Erwerb einer Schreibmaschine mit Korrekturtaste für 2500 Franken. Mit diesem schweren Gerät produzierten wir in einer Schreibgruppe auch die Druckvorlagen für eine kleine literarische Zeitschrift, das «Werkstattheft».

Textbausteine auftürmen
Als Computerfachmann war mir das Schreiben auf dem Computer jedoch längst vertraut: Das Verfassen von Programmtext. Dazu gabs so genannte Editoren, mit denen man Text tippen, korrigieren, umstellen und speichern konnte, also alles, was ein Textprogramm braucht. Noch heute ist es für mich ein Rätsel, warum es so lange niemandem in den Sinn kam, diese Technik für das Verfassen von Text zu nutzen. Die Leute, die schließlich die Programm Editoren zum Textsystem umfrisierten, verdienten sich eine goldene Nase, weil Textverarbeitung zur so genannten «Killerapplikation» der Personalcomputer wurde. Ohne Textprogramme hätten sich die persönlichen Computer niemals so schnell und in so großer Zahl verbreitet. PC und Macintosh «killten» schließlich auch die letzte Schreibmaschine in der hintersten Dichterklause. Heute ist die Frage nicht mehr: Computer oder Schreibmaschine?, sondern eher: Computer oder wieder von Hand schreiben. Zurück zur Feder, zu den Wurzeln, zu den zarten Strichen und Gefühlen.

Textverarbeitung brachte einen Begriff mit sich, der mir aufschlussreich erscheint: den «Textbaustein». Warum jeden Textabschnitt von Grund auf neu schreiben, wenn man ihn doch im Computerspeicher auf Lager halten und bei Bedarf per Mausklick einsetzen kann? Alles ist ja eigentlich schon einmal geschrieben worden. Bei Geschäftsbriefen und Handbüchern ist das gewiss sinnvoll. Kaum ein Literat wird wohl Textbausteine benutzen, es sei denn für die regelmäßig wiederkehrenden Gesuche um einen Förderbeitrag. Interessant ist aber die Idee, die in dem Wort steckt: Ein Text kann gebaut werden. Ein Text setzt sich aus Bausteinen zusammen, die sich wie im Mosaik zu einem Ganzen fügen lassen. Die Auffassung von einem Text als einem Konstrukt ist mit der neuen Technik entstanden und hat sich auf die Schreibstrategien und wahrscheinlich auch auf den Schreibstil ausgewirkt. «Architektonisches Schreiben» nennt das etwa der israelische Autor Tom Segev.

In den Textfluss tauchen
Der Computerkritiker Joseph Weizenbaum verglich schon 1975 in seinem Buch «Die Macht der Computer und die Ohnmacht der Vernunft» das Schreiben von Programmen mit dem Bücherschreiben. Programmierer hatten schon längst konstruktive Techniken entwickelt, nach denen sie die umfangreichen Programmtexte bausteinartig montierten. Da ich selbst jahrelang programmierte, schrieb ich lange vor dem Aufkommen der PCs einmal einen Text, der diesen Vergleich zog. Ich hätte ihn allerdings besser nicht veröffentlicht, denn die Reaktion war mehr oder weniger so:

Jetzt wissen wir, warum der so miserabel schreibt! Wer sich mit Technik abgibt, hat in der Literatur ohnehin nichts zu suchen. Max Frisch, Hans Boesch und Gerhard Meier sind bloß die Ausnahmen, die den Grundsatz bestätigen.

Sowohl der Gänsekiel wie auch die Schreibmaschine unterstützen eine lineare Schreibstrategie. Links oben beginnen, dann Zeile um Zeile fortschreiben, bis das Blatt voll ist. Klar, man streicht, radiert gar, arbeitet mit Schere und Leim. «Cut and Paste». Doch das Schreibgerät fördert das Abweichen vom Linearen nicht, im Gegenteil. Korrigieren ist mühsam und hinterlässt hässliche Spuren. Schreiben im Fluss ist die dem traditionellen Schreibgerät angepasste Strategie. «Er schreibt fließend», war eine gängige Redensart, «viel Tinte floss», manchmal sogar Herzblut. Beim «Automatischen Schreiben» überlassen sich die Schreibenden gar radikal dem Textfluss, schreiben fortlaufend automatisch und ohne abzusetzen und ohne Absicht oder Thema, bis der Fluss aus irgendeinem Grund versiegt. Schon Dichter des 19. Jahrhunderts, Heinrich Heine zum Beispiel, kannten das fließende Schreiben, Psychoanalytiker ließen ihre Klienten automatisch schreibend in ihr Unbewusstes vorstoßen, für die Dadaisten war automatisches Schreiben Methode und Form zugleich. Der Kultautor der amerikanischen «Beat-Generation», Jack Kerouac, hämmerte seinen 1957 publizierten Roman «On the Road» in drei Wochen fließend auf eine endlose Papierrolle.

Der Schritt vom fließenden zum konstruktiven Schreiben scheint mir historisch bedeutsam und mit der Entwicklung der Schreibwerkzeuge verbunden. Der Computer öffnet eine zusätzliche Dimension, denn die alte Art, das fließende Schreiben, ist auch mit dem neuen Werkzeug möglich. Möglich, doch da stellen sich Fallen. Ich beginne einen Text, vertippe mich, korrigiere sogleich. Mein neues Textprogramm zeigt mir mit einer roten Wellenlinie an, wenn ich ein Wort tippe, das nicht in seinem Wörterbuch gespeichert ist. Statt dass ich schreibe, korrigiere ich. Ich schreibe rückwärts, statt vorwärts. Statt dass ich entwerfe, meine Gedanken und Bilder fließen, mich von Ideen leiten und überraschen lasse, werke ich noch am ersten Satz herum, während ich von Hand bereits eine ganze Seite entworfen hätte. Natürlich habe ich am Computer den Text nicht nur geschrieben, ich habe ihn auch schon «gesetzt» oder für die typografische Gestaltung gespeichert. Ich mache also drei Arbeitsgänge in einem: entwerfen, korrigieren, Text erfassen.

Fallen der Technologie
Das Textsystem am Computer bedingt jedenfalls mehr Disziplin als andere Schreibwerkzeuge, da es viel mehr Freiheit im Umgang erlaubt, aber auch mehr Wissen um verschiedene Schreibstrategien, aber auch technische Funktionen bedingt. Ich kann fließend schreiben, Text blitzschnell umstellen, mit Gliederungsfunktionen strukturieren, mit Bildschirm- oder Druckschriften gestalten. Viel mehr Wissen und Fertigkeit ist aber auch nötig, um das moderne Textprogramm sinnvoll zu nutzen und nicht in den Fallen der Techno-

logie gefangen zu bleiben. Grundsätzlich kann ich viel schneller viel mehr Text produzieren, aber das darf ja nicht das Ziel sein.

Der Hamburger Autor und Journalist Dieter Zimmer beobachtet jedenfalls eine «grössere Geschwätzigkeit der Autoren», gefördert durch die Leichtigkeit des Schreibens am PC. In seinem Buch «Die Elektrifizierung der Sprache» schreibt er: «Jedenfalls haben manche Computerschreiber bekannt, dass ihre Briefe oder Artikel oder Bücher irgendwie länger geworden seien, seit die Maschine auf ihrem Schreibtisch steht.» Jeder am Schirm tippende Autor stellt fest, dass die Textmenge oft rasch wächst, doch die Mühsal erst beginnt, wenn die «textliche Bastelarbeit» (Zimmer) Form und Mass bekommen soll. Der «Rausch des Korrigierens» (Zimmer) wird dann schnell zum Kater.

«Textliche Bastelarbeit»: Dazu verleitet die Technik, mit Bausteinen zu arbeiten. Bauen ist Architektur, das kann eine gute Sache sein. Basteln ist Hobby. Die Euphorie des Bastlers beobachte ich oft bei Schreibenden mit wenig Erfahrung. Die Möglichkeit, alles jederzeit wieder ändern zu können, befreit von vielen Zwängen – führt aber oft auch zu gebastelten Resultaten. «Ich kann von Hand gar nicht mehr schreiben!» Die Aussage höre ich häufig und sie klingt verdächtig, ist es doch ein Merkmal jeder Hobbykultur, dass das Werkzeug, das Zubehör, wichtiger ist als das Produkt. John Steinbeck schrieb seine Romane mit Bleistift. Je nach Stimmung benutzte er harte oder weiche. Schon Goethe war ein Bleistiftfreak, denn «es war mir einige Male begegnet, dass das Schnarren und Spritzen der Feder mich aus meinem nachtwandlerischen Dichten aufweckte, mich zerstreute und ein kleines Produkt in der Geburt erstickte». Während ich das schreibe, stört mich der Ventilator meines Computers.

Das Werkzeug ist der Stil
Das Werkzeug, das scheint gewiss, beeinflusst den Stil. Schon beim Übergang zur Schreibmaschine gab es Vermutungen. Sie sei für den «kargen Stil des Ernest Hemingway» verantwortlich, meint der Stilist Wolf Schneider, da er «einer der ersten Schriftsteller war, die in die Maschine tippten». Der Philosoph Martin Heidegger sah in der Schreibmaschine gar eine brutale Entfremdung von der Hand, von der zärtlichen Berührung des eigentlichen Seins, «mit ein Hauptgrund für die Zerstörung des Wortes»: «Das maschinelle Schreiben nimmt der Hand im Bereich des geschriebenen Wortes den Rang und degradiert das Wort zu einem Verkehrsmittel.»

Wie beeinflusst denn der Computer den Schreibstil, der das Wort nicht nur der Hand, sondern auch seiner materiellen Existenz entfremdet? Verliert die Sprache ihr Gewicht, ihre Bedeutung, weil sie flüchtig wird, nur noch ein Signal im elektronischen Raum? Ist der Computer also eine «elektronische Schlampe»?, wie Wolf Schneider meint: «Der Computer begünstigt einen schlampigen Umgang mit der Sprache, das im Durchschnitt schlechtere, ärmere Deutsch.» Genaues weiß niemand, denn ob sich mein Stil wegen des Computers verändert hat oder aus ganz anderen Gründen, kann niemand nachvollziehen, nicht einmal ich selbst. Man kann nur vermuten, wie schon bei der Schreibmaschine. Ich vermute, ich schreibe kürzer, genauer. Ganz sicher jedoch arbeite ich länger an einem Manuskript. Vielleicht verliert es dadurch etwas vom unmittelbaren, natürlichen Ausdruck eines Entwurfs, wird abgeschliffen, zu geschliffen.

Messen kann man allenfalls Schreibfehler. «Verändert der Computer das Schreiben?», fragt sich Dieter Zimmer. Er beobachtet einen «Qualitätssturz». Die Zahl der Tippfehler in computergeschriebenen Texten überschreite oft alles Gewohnte, und da hat er sicher Recht. Weil ich gleichzeitig entwerfe, bearbeite und Text erfasse, tippe ich Fehler ins Manuskript, die ich nie mehr finde und die auch der Korrektor übersieht.

«Das Gefühl für Rechtschreibung überhaupt scheint sich aufzulösen», bemerkt Zimmer. Ists tragisch? Auch die Rechtschreibung, ob neu oder alt, haben wir inzwischen an die Maschine delegiert, die uns auch längst alle Wörterbücher und Reimlexika zur Verfügung stellt. Und wer ein Drehbuch schreiben will, sucht sich zuerst den geeigneten Ideen-Prozessor. Sprachkompetenz wird eine Frage der richtigen Software.

Technik und Form
Wahrscheinlich hat der Film unsere Technik des Schreibens viel stärker beeinflusst als jedes Werkzeug. Wenn ich schreibe, «sehe» ich. Schreibend setze ich meine inneren Bilder in Bewegung, eine Szene entwickelt sich als Film vor meinem geistigen Auge. «Kino im Kopf» nennt das der portugiesische Neurologe und Autor Antonio R. Damasio. Die Metapher trifft. Ein

Roman entsteht als Kino im Kopf. Ich arbeite mit ähnlichen Techniken wie ein Filmemacher: Die Szene immer neu durchspielen, bis sie sitzt. Schnitt, Montage, Blickwinkel der Kamera, Zoom und Totale. Im Schreibprozess begleiten uns die Filme, die wir gesehen haben, und beeinflussen uns unablässig und unbewusst. Oder auch bewusst. Einen Film im Kopf laufen lassen und gleichzeitig schreiben, was man aus einer bestimmten Perspektive sieht und erlebt, ist eine der grundlegenden Übungen des Kreativen Schreibens. Die personale Erzählperspektive, die in modernen Romanen häufig ist, hat sich, soviel ich weiß, erst im 20. Jahrhundert richtig entwickelt, wahrscheinlich unter dem Einfluss des Mediums Film. So wie sich die Dialogtechniken unter dem Einfluss des Mediums Radio weiterentwickelt haben: Hörspiel ist eine Form, die erst durch ein technisches Medium überhaupt möglich geworden ist.

Nun ist ja auch der Computer nicht nur Werkzeug, sondern auch Medium, ein neues Medium, das alle andern umfasst: Wort, Klang, Bild. Internet hat das Multimediale der neuen Technik für alle Welt sichtbar und nutzbar gemacht. Wenn es um Text geht vor allem als so genannten Hypertext: Textbausteine in einer netzartigen Struktur «verlinkt», durch die sich der Benutzer oder Leser selbstgesteuert arbeiten kann. Per Mausklick. «Surfen» sagen wir dem heute. Auch diese Metapher trifft, denn meist bleiben wir an der Oberfläche und tauchen nur selten in die Tiefe eines Textbausteins ein.

Surfen statt lesen
Nun ist Hypertext ja viel älter als Internet, die Idee geht zurück bis auf ein Essay von Vannevar Bush aus dem Jahr 1945, in dem er beschreibt, wie Technologie künftig Information handhaben könne. Damals ratterten in den Labors eben die ersten riesigen «Elektronengehirne». Die Idee Hypertext stammt also nicht von avantgardistischen Autoren, die neue literarische Formen suchten, sondern sie entspringt den Bedürfnissen der Software-Architektur: Module, Makros, Subroutinen, wie immer man solche Bausteine nennt, die man in einem Software-Gebilde vernetzt. Dass aber auch diese Eigenschaft der Technik zu neuen ästhetischen Formen und Experimenten führen kann, beweisen die so genannten «Netzautoren», die das Gedruckte verabscheuen wie der Teufel das Weihwasser. Wie die Geschichte verläuft, liegt in einer Hypertext-Umgebung nicht mehr in der Hand des Autors allein, sondern der Leser oder Surfer kontrolliert die Reihenfolge der Textbausteine, die er über Links abruft, sozusagen einer vorprogrammierten Assoziationskette folgend. Ein origineller «Assoziations-Blaster» von Alvar Freude und Dragan Espenschied öffnet den Zutritt sogar erst, wenn die Surfer einen eigenen Textbeitrag beisteuern.

Der klassische Roman ist durch die Netzliteratur jedenfalls noch nicht aus der Welt geschafft. Harry Potter und dem literarischen Quartett sei Dank ist das Buch und der klassische lineare Text noch immer der Renner, während sich mit Hypertextstrukturen erst eine Avantgarde abmüht, die Spaß am Schreiben und Programmieren gleichzeitig hat. Aber das ist ja wohl das

Schicksal von Avantgarden, dass ihre wahre Bedeutung erst in ferner Zukunft erkannt wird, falls sie nicht vergessen gehen.

Letztlich schwimmen wir ja doch alle im gleichen Teich, im Text. Und Text ist stets nur vordergründig etwas Lineares, eine Kette von Zeichen, die wir lesend interpretieren. Fast jedes Wort ist letztlich ein unsichtbarer «Link», der auf anderes verweist: andere Texte, Filme, eigene Erfahrungen und Gefühle. Schreibe ich «Linde», so assoziiert jeder Leser, jede Leserin ein Bild, einen Geruch, ein Gefühl, eine Landschaft, eine Stimmung, eine Erinnerung, ein literarisches Vorbild. «Am Brunnen vor dem Tore ...» Schon die japanischen Haikudichter setzten die wenigen Wörter, die ein 17-silbiges Haiku umfasst, bewusst in der Art, dass es eigene Erfahrung mit literarischen Vorbildern und besonderen Orten, Jahreszeiten und Stimmungen verknüpfte. Text war nie etwas Lineares, Hypertext hat das nur sichtbar gemacht – und automatisiert. So wie der Film das «Kino im Kopf» automatisiert hat, das man «Tagtraum» nannte, bevor das Wort «Kino» existierte.

Luftschlösser schreiben
Neue Technik und neue Medien löschen also die alten Techniken und Medien nie wirklich aus, sie bringen im besten Fall neue Formen hervor. Was ich mich auch frage, ist, ob die Schreiblust, die offensichtlich um sich greift, etwas mit dem Computer zu tun hat. «Neue deutsche Schreibbewegung» hat jemand die Schreibgruppen und Schreibzirkel und Schreibseminare etikettiert, die gegenwärtig im Trend sind. Die massenhafte Verbreitung der Computer

und die Schreibbewegung sind ein gleichzeitiges Phänomen, vielleicht ein historischer Zufall. Vielleicht hat aber der Textcomputer den Zugang zum Schreiben, zum eigenen Verfassen von Texten, für viele doch so erleichtert, dass ein Zusammenhang besteht. Schwer vorzustellen jedenfalls, dass so viele Leute so viel schreiben würden, müssten sie sich von Hand oder auf einer mechanischen Schreibmaschine abmühen. Klar: Tagebuch und Briefe wurden früher gewiss viel mehr geschrieben. Heute jedoch versuchen sich viele in literarischen Formen: Kurzgeschichten, Gedichte, Romane, Experimentelles, auch Netz- und Hypertext. Man will veröffentlichen und sei es auch «nur» auf der eigenen Website oder als «Book on Demand». Man traut sich mehr zu, man hat ein starkes Werkzeug, Texte druckreif zu bearbeiten. Die Geschichte sieht ja nach dem Entwurf schon aus wie gedruckt, wenn sie der Laserdrucker ausspuckt. Der Weg vom Text zum Buch ist leicht. Mit den modernen Werkzeugen kann sich jeder sein eigenes «Häusle» bauen. Alles ist möglich, sei es nun Heimatstil, Kartenhaus oder Luftschloss. Die Frage ist nur: Wer will darin wohnen?

Michael Stauffer, *1972 in Winterthur. Lebt in der Schweiz und in Europa.
Zuletzt: «Haus gebaut, Kind gezeugt, Baum gepflanzt. So lebt ein Arschloch.
Du bist ein Arschloch.», Urs Engeler Editor 2003.

Michael Stauffer

Kleiner Überblick von Dichterstauffer

diskussion

Voraussetzungen

Es ist wichtig zu wissen, was man tut. Und es ist auch wichtig, sich darum zu kümmern, was man getan hat. Teilweise genügt es zu wissen, teilweise muss man es auch verstehen, manchmal auch überhaupt nicht. Wenn das eigene geistige und auch das andere Archiv fehlen, dann fehlt das Kriterium des Vergleichs. Wenn man sich nicht klar macht, was man tut, nicht das Gefühl hat, etwas Neues zu tun, dann tut man alles nur halbherzig. Wenn die Fähigkeit fehlt, zu überblicken, was man tut, ist man gezwungen, für das immerzu gleiche, langweilige, fade Ding immer neue Abnehmer zu finden. Das Wiederholen des Immergleichen vor immer anderem Publikum führt zu Stagnation. Langweiliger Schrott ist die Folge.

Blicke

Ich werfe einen Blick. Und ich verstehe die eigene Intertextualität. Weil ich immer gleich noch einen zweiten Blick werfe, hintennach, falle ich nicht auf alles rein. Ich will nichts erklären. Wenn man es versteht, dann stimmt es. Alles, was ich mache, sagen wir der Einfachheit halber schreibe, also, alles, was ich schreibe, schreibt sich aus bekannten Elementen weiter. Ich nehme es zur

Hand, ich finde es und wähle. Wählen als Kreation? Nicht nur. Aber zu einem großen Teil. Auswählen! Eigentlich heißt der Weg immer: Suchen, bis gefunden. Ich stell zum Beispiel fest, dass ich etwas so nicht mehr sagen kann. Dann ändere ich den Sprachklang oder den Satzbau, bis es stimmt. Manchmal stolpere ich auch einfach durch meine Materialsammlung, finde etwas, nehme es und stecke es in eine andere Sammlung. Dieses Hin-und-Herlegen ist wichtig. Ablagerungen entstehen. Ich sammle an und später strahle ich aus, oder sende. Das Dichten ist eine Art Sammeln und Senden, die ein Gegenüber voraussetzt.

Lesehilfe
Ich schlage mir selbst vor, dass ich eine vollständige Werk- und Veröffentlichungsliste erstellen soll. So kann man Zusammenhänge herstellen und mit dem Gesamt-Werk umgehen. Das gehört zur reflektierten Arbeitsweise, dass man sie nach außen so transparent wie möglich deklariert. Oder ich tue nur so, und eigentlich geht es darum, dass ich das sowieso tun wollte, für mich. Die persönliche Eitelkeit reicht aus, um sich Klarheit zu verschaffen.

Gruppen/Schnittgruppen
Diese drei Hauptgruppen werden hauptsächlich bedient und geben immer, pro Werk, die Hauptrichtung vor: Text, Ton und Bildnerisches. Die Einteilung in eine der Hauptgruppen hat keinen Einfluss darauf, wie ein Werk endet. (Gemeint ist die Form.) Es wird durch die Festlegung der Hauptgruppe nur etwas über den Herstellungsprozess gesagt. Je nach Ausgangslage wende ich unterschiedliche Arbeitstechniken an. Es ist klar, dass die Gruppen sich überschneiden, dass ein Werk mal in der einen Gruppe anfängt, sich verändert und schließlich in einer anderen Gruppe seine Endform findet. Auch schlaufe ich gewisse Werke durch alle drei Gruppen hindurch. Oft sucht sich ein Werk auch wieder einen Weg zurück. Präzisierung. Je nach Weg, den das Werk nimmt, können folgende Arbeitsschritte und Arbeitstechniken wichtig sein. (Ich zähle unvollständig auf.) Wahrnehmungsbrechung, Verknüpfungstechnik, Strang- und Motivkettenbildung, Erfüllungen und Nicht-Erfüllungen von

Konventionen, Gedankenstrom, Assoziation, Kombination, Permutation, Analyse, Wortfeld, Cut and go, Sampling,

Archive ermöglichen, wie erwähnt, den zweiten Blick. Das Archiv fordert zur Auseinandersetzung auf. Deshalb alles, am 30.10.2003.

Bücher: I promise when the sun comes up, I promise I'll be true. So singt Tom Waits. Ich will auch Sänger werden, Urs Engeler Editor 2001; Memory, Edition Solitude 2002; I promise when the sun comes up, I promise I'll be true. So singt Tom Waits. Ich will auch Sänger werden, S. Fischer Taschenbuch 2003; Haus gebaut, Kind gezeugt, Baum gepflanzt. So lebt ein Arschloch. Du bist ein Arschloch, Urs Engeler Editor 2003.
In Zeitungen: Noch hat es etliche hässliche Entlein, Thurgauer Zeitung, 18.09.2000; Pflaumenkuchen, Berner Zeitung, 19.09.2000; Velohelm, Berner Zeitung, 20.09.2000; Der Biber, Berner Zeitung, 21.09.2000. Kletterstange, Berner Zeitung, 22.09.2000; Arme Schweizer Armee, Thurgauer Zeitung, 02.06.2001; Gratis Bildung – im Bus, Thurgauer Zeitung, 04.08.2001; Schweiz als Reservat – so sanft kann Tourismus sein, Thurgauer Zeitung, 27.10.2001; Wie lesen Leser?, Thurgauer Zeitung, 08.12.2001; Freizeitgestaltung für Randgruppen – wichtig und möglich, Berner Woche, Nr. 80/2001; Der Aarebogen gestaltet Berns Umgebung, Berner Woche, Nr. 130/2001; Hardcore-Synchronschwimmen, Berner Woche, Nr. 213/2001; Weihnachtsausstellungs-Besuch mit Constantin-Valentin de Haemmerli, Berner Woche, Nr. 297/2001; Die (IKKMF) TM. Eine neuartige Bewertungsmöglichkeit für Kultur, Berner Woche, Nr. 83/2002; Frauen arbeiten, Männer aber auch, Thurgauer Zeitung, 02.02.2002; Inselleben, Sylter Spiegel, 27.03.2002; Don't panic – Gesundes Essen, Thurgauer Zeitung, 20.04.2002; Linzeraugen-Forschung, Thurgauer Zeitung, 25.05.2002; Die moderne Lokomotive ist sauberer als mein Fahrrad, Der Bund, 02.11.2002; Wieso mein Mobiltelefon immer funktioniert, Der Bund, 08.03.2003; Der Tramschienenstaubsauger, Der Bund, 21.06.2003; Klagenfurt hin und zurück, Der Bund, 30.06.2003; Klagenfurt hin und zurück, St. Galler Tagblatt, 30.06.2003; Möchtest du ewig jung bleiben, St. Galler Tagblatt, 18.07.2003; Polar, A5. WOZ, 04.09.2003.
In Zeitschriften: Bastelbiographie, Drehpunkt, Nr. 108, November 2000; Is Chessi in e brunze. Ein Protokoll, Art.21-Zeitdruck, September 2001; Sie sind eine attraktive Frau, Shift 2001; Wie wir morgen arbeiten werden, Bundeszentrale für politische Bildung, Bonn 2002; Die Kluft, Art.21-Zeitdruck, April 2002; Collage, Shift 2002; Schreiben in der Schweiz, Eigenart Nr. 7, 2002; Die Farbe

Rot, zum Beispiel, entwürfe Juni 2002; Das neue Heimatgedicht, Zwischen den Zeilen Nr. 18, 2002; Ausführliche Bezeichnung des Inhaltes, Bellatriste Nr. 6, 2003; Aus Stauffers Weblog, VOLLTEXT Nr. 3/2003, Juni/Juli. *In Anthologien:* Die Schwestern, Berner Almanach, Bd. 3, 2000; Die Insel. Swiss made, Wagenbach, 2001; Das Eugen-und-Sylvia-Gedicht. Natürlich die Schweizer, Aufbau Verlag 2002; Diese Farbe ist nicht mehr erhältlich. Theater Theater, Aktuell Stücke, S. Fischer Taschenbuch 2002; Die Apfelkönigin. Roter Reis, Vier Theatertexte aus der Schweiz; Theater der Zeit 2003; Die Apfelkönigin. Theater Theater, Aktuell Stücke, S. Fischer Taschenbuch 2003; Er drohte, alles zu erfinden. Ja, das hoffe ich auch. Ich bin nicht innerlich. Annäherungen an Gottfried Benn, Klett-Cotta, Stuttgart 2003; Hinter den Sträuchern ist ein Haus. Muscheln und Blumen. Literarische Texte zu Werken der Kunst, Ammann 2003.
In Katalogen: Worauf ich so achte, On the spot Nullkunst 2000; Die ewigen Jagdgründe, Gruppenausstellung, Kunstverein Schaffhausen 2001.
Hörspiele: Gartenproletarier, für Radio DRS 2, gesendet 02.06.2001 und 10.06.2001; Gartenproletarier, Urs Engeler Editor 2001; Die Socken machen, für Radio DRS 2, gesendet 05.10.2002, 13.10.2002 und 09.09.2003; Das Heimatgedicht, für mich selbst, 2002, dann doch noch gesendet, am 09.09.2003 auf DRS 2; Die Tierstunde, für Radio DRS 2, gesendet 15.11.03 und 26.11.03.
Sprechpartituren: Three mixed characters. A-E-I. Pedee goo inde schomo. Alle in Zusammenarbeit mit dem Komponisten Dr. E. Brand erstellt.
Andere Arbeiten: Öffentlicher Schreibladen, Schlachthaus Theater, Bern 2000; Performance mit Dr. E. Brand, Forum für experimentelle Architektur, Künstlerhaus Wien 2001; Intervention/Installation, Museum Blumenstein, Solothurn 2001; Intervention, Museum zu Allerheiligen, Schaffhausen 2002.

Außenbedingungen

Ich verlange eine anständige Gesellschaft, oder wie sich das nennt, die alle Kulturschaffenden in den Stand setzt, die eigenen Vorstellungen des «guten Kulturschaffens» entfalten zu können. Ich stelle einen Forderungskatalog auf, nenne Bedingungen. Auch weil neben dem Verteilungskampf ein viel schlimmerer Kampf, nämlich der um das Dazugehören oder Ausgeschlossensein entbrannt ist, muss dieser Katalog sein. Es sind nicht nur Forderungen, sondern auch Aufforderungen.

1. Literatur braucht Zeit und Raum! Beides ist durch die Gesellschaft zur Verfügung zu stellen.
2. Die Arbeitsgrundlagen des Schriftstellers sind die eines Amateurs. Das muss ändern!
3. Die Genießbarmachung der Welt ist nicht Hauptaufgabe der Literatur.
4. Literatur darf nicht zur Welt-Erklärung dienen. Literatur muss zur Selbstermächtigung, zum freien Umgang mit allem, was wir wissen, führen.
5. Es ist nicht gestattet, Begriffe aus der ökonomisierten Welt über die Kultur zu stülpen.
6. Es braucht zur Literaturvermittlung kein Heer von Kulturmanagern! Dichter und Schriftsteller leisten von sich aus Vermittlung. Diese schon vorhandenen Ressourcen sind besser zu nutzen und vor allem zu entschädigen!
7. Der Kulturraum muss vielfältig erhalten werden. Artenschutz ist auch in der Kunst wichtig! Monokulturen machen dumm! Und sind gefährlich.
8. Kulturnutzer und Kulturnutzerinnen müssen gut ausgebildet werden!
9. Mit Kulturförderung kann man das Gewissen nicht beruhigen.
10. Nationale Begrenzungen im Denken und Reden müssen vermieden werden. Sind verboten!
11. Kritik muss zuerst schauen; was ist es. Was hat uns der Stauffer hier geschrieben. Kritik darf nicht sagen, was es sein sollte, und dann nur noch schauen, ob es das ist, was es sein sollte. Solche Kritik, die dann sanktioniert oder lobt, ist Scheiße. Kritik ist: Das Werk so nehmen, wie es ist, und es dann besprechen.
12. Ich bin kein Stauffer-Huhn, das goldene Text-Eier legt.
13. Ich schreibe keinen einzigen verdammten Kosmetiktext, der nur dazu dient, mein Äußeres zu pflegen. Nie!
14. Diskurse sind abgekartete Spiele. Oft! Öffentliche Selbstgespräche wären oft aufschlussreicher.
15. Die Herrenwitzrunden und die Herrenideologierunden werde ich alle zerstören. Durch Frechheit und zynischen Witz.
16. Ich sage mindestens zehnmal pro Tag: «Na und?»

Guy Krneta, *1964 in Bern, ist Schriftsteller und lebt in Basel. Als Vorstandsmitglied des AdS setzt er sich für die Gründung eines schweizerischen Literaturinstituts ein. Er schrieb zahlreiche Theaterstücke und schreibt seit ein paar Jahren auch Prosa. Zuletzt erschien: «Zmittst im Gjätt uss/Mitten im Nirgendwo», Aufbau Taschenbuchverlag Berlin 2003.

Guy Krneta

Die Königsdisziplin

Gegen ein schweizerisches Literaturinstitut

diskussion

Schauspielschulen im deutschsprachigen Raum gibt es seit vielleicht vierzig Jahren. Schaue ich mir heute eine x-beliebige Theateraufführung an, kann ich auf Anhieb sagen, welche Darstellerin, welcher Darsteller welche Schule genossen bzw. sich an welcher Schule den Magen verdorben hat: Aha, Otto-Falckenberg-Diktion, sage ich, Ernst-Busch-Mimik... Schulen haben die Tendenz, Talente zu vernichten. Sie machen aus Originalen Kopien. Sie vermitteln Dinge, die für die Berufsausübung überflüssig, nein, schädlich sind. Sie setzen bösartige Keime, die einer seinen Lebtag nicht mehr loswird. Ihr Ziel ist die Auslöschung jeder ursprünglichen Empfindung. Schuld sind die Dozierenden: Schauspieler, die als solche nichts taugen, werden Rollenlehrer. Künstlerinnen, die ausschließlich von lokalen Stipendien gelebt haben, erhalten ihre Rente in Form einer Professur an der örtlichen Kunstakademie. Was ist von solchen Leuten anderes zu erwarten, als dass sie jede nachwachsende Generation strukturell zu verhindern suchen? Sie differenzieren unser Bildungssystem in einer Weise aus, dass es lückenlos wird. Sie erschummeln sich Machtpositionen, von welchen aus sie Leute disqualifizieren, denen sie nicht das Wasser reichen können. Sie definieren Qualitätskriterien, mit denen sie Politikerinnen und Politiker beeindrucken, die für Fachverständige jedoch unlauterer Blödsinn sind.

Der Trumpf dieser Leute ist die Messbarkeit, ihr schlagendes Argument die Faktizität fragwürdiger Statistiken. Sie reden in Vokabeln aus dem Sport- und Wirtschaftsteil ihrer Zeitung. Davon war die Literatur bisher weitgehend verschont. Bis hierhin reichte die Allmacht der Bildungsdirektoren nicht. Hier blühten die üppigsten Querköpfe. Hier regierte der freie Geist des Autodidaktischen. Denn die Literatur lässt sich nicht bändigen durch Lehrpläne und angebliche Forderungen des Marktes. Sie ist die Königsdisziplin unter den Künsten. Sie entsteht als unmittelbare Folge der Lebenstragödie unserer Begabtesten: Was bitte soll da gelehrt werden?

Die Schweiz braucht kein Literaturinstitut. Wer so eine Ausbildung will, soll nach Leipzig oder Berlin gehen und dort bleiben. Wir müssen nicht jeden Blödsinn aus Deutschland kopieren. Und wenn es die betreffenden Institute bereits gibt: Was wollen wir mit unseren bescheidenen Möglichkeiten noch wetteifern? Der Markt ist überschwemmt mit literarischen Machwerken. Wir brauchen keine weiteren Fräulein- und Männleinwunder, keine neuen Stellen für Filzläuse und Sesselkleber. Die weiteren Folgen sind absehbar: Erst werden Diplome ausgestellt, dann Berufsregister eingerichtet, schließlich das faktische Berufsverbot ausgesprochen für jene, die nicht im Besitz der erforderlichen Papiere sind. Im Warenhaus wird, wer künftig einen Laptop kauft, sich darüber ausweisen müssen, dass er ein Literaturdiplom besitzt bzw. eine eidesstattliche Erklärung unterschreiben, dass der Laptop ausschließlich für private Zwecke eingesetzt wird und keinesfalls zur Produktion oder Bearbeitung literarischer Werke. Die Bundespolizei in enger Zusammenarbeit mit dem Autorinnen- und Autorenverband wird strenge Kontrollen durchführen.

Wenn du Schriftsteller werden willst, musst du schreiben

Für ein schweizerisches Literaturinstitut

Mit neunzehn wollte ich Theaterautor werden. Ich fuhr nach Wien und studierte Theaterwissenschaft, weil ich gehört hatte, dass Werner Wüthrich, den ich nicht kannte, ebenfalls in Wien Theaterwissenschaft studiert hatte und Theaterautor geworden war. Werner Wüthrichs Frau, mit der ich damals telefonierte, weil Werner Wüthrich nicht zu erreichen war, sagte mir: «Wenn du Schriftsteller werden willst, musst du schreiben, nicht in Wien studieren.» Aber das wollte ich damals nicht hören, ich fuhr nach Wien und studierte Theaterwissenschaft.

Zumindest ein Jahr lang, dann merkte ich, dass das Studium wenig zu tun hatte mit dem, was ich wollte. Was wollte ich? Schreiben und lesen und lernen, wie man Theater macht. Statt dessen schrieb ich Proseminararbeiten, studierte Sekundärliteratur und verlor jedes Selbstvertrauen. Von einem Studienkollegen lieh ich mir eine elektrische Schreibmaschine, dann schrieb ich in einem Monat, währenddessen ich der Uni fernblieb, das Stück *Der Tag, als die Welt nicht untergegangen war*. Es war als Antwort gedacht auf den unsäglichen Hollywood-Streifen *The day after*, der damals Europa erschütterte. Für mich bedeutete es ein existenzielles Scheitern. Danach wusste ich, dass es so nicht weitergehen konnte. Ich kehrte in die Schweiz zurück, vernichtete das Stück und studierte Medizin.

Dabei hielt ich mir vor Augen, dass auch Benn, Büchner, Döblin und Schnitzler Medizin studiert hatten, insofern befand ich mich in guter Gesellschaft. Doch in der Bibliothek blätterte ich bald häufiger in *Theater heute* als im Anatomieatlas. Ein nächster Crash war abzusehen, ich befand mich im inneren Exil. Das Erste Propaedeutische Examen bestand ich, beim Zweiten flog ich hochkant durch. Ich war ja immer davon ausgegangen, dass für den Beruf des Schriftstellers nur die theoretischen Grundlagen der Medizin wichtig sein würden und ich mir die Praxis, die mit dem fünften Semester begann, ersparen konnte. Das hatte wohl mit Brecht zu tun; und ich bildete mir später viel darauf ein, länger als Brecht studiert zu haben, der sich mit seinen drei Semestern als naturwissenschaftlichen Schriftsteller bezeichnete und gar eine ganze Theatertheorie daraus ableitete.

Nachdem ich also das Zweite Propaedeutische Examen nicht bestanden hatte und von der Möglichkeit, es noch zwei weitere Male zu versuchen, keinen Gebrauch machen wollte, setzte ich mich in die Kantine des Theaters Basel und ließ an der Pforte ausrichten, ich würde gerne mit dem Dramaturgen sprechen. Einen Tag lang saß ich in der Basler Kantine, schrieb alles auf, was geschah. Kurz vor fünf ließ der Dramaturg über den Kantinenwirt ausrichten, er würde jetzt Zeit haben für mich und ich sollte mit dem Lift in den achten Stock hochfahren. So saß ich also im Büro des Dramaturgen und erklärte verzweifelt, ich müsste zum Theater, ich müsste lernen, für das Theater zu schreiben, ich sähe keine andere Lebensperspektive für mich. Der Dramaturg nickte verständnisvoll, sagte, er würde tun für mich, was er könne. Ich sollte es sicherheitshalber noch an einem kleineren Theater versuchen. Also fuhr ich nach Bern zurück, wo ich herkam, sprach am nächsten Tag bei der Direktionssekretärin des Stadttheaters vor und konnte bald darauf am Theater beginnen: zunächst als Hospitant, dann als Regieassistent, Dramaturg usw. Und immer wieder auch als Autor.

Am Theater fand ich, was ich suchte: Menschen, die mich ernst nahmen, die mir wie Werner Wüthrichs Frau empfahlen zu schreiben, wenn ich Schriftsteller werden wollte, die diesen Drang nicht als abwegig empfanden, sondern als durchaus selbstverständliche Sache, die sich im Alltag bewähren musste. Um genau zu sein, waren es zwei Menschen, die mich zunächst stützten und förderten: Die Regisseurin Beatrix Bühler und der frühere Berner Schauspieldirektor Peter Borchardt. Zu dritt stellten wir das zeitgenössische Theatertreffen *auawirleben* in Bern alljährlich auf die Beine, realisierten eine Vielzahl von Uraufführungen als freie Produktionen; sie verlangten mir Texte jeder Art ab: Vom Subventionsgesuch über den Werbetext bis zur ausgereiften Stückvorlage. Sie gaben mir Plattformen für öffentliche Lesungen, diskutierten mein Geschriebenes oft uneinig und sorgten dafür, dass meine Texte auf die Bühne kamen. Nicht zuletzt schleppten sie mich in Theateraufführungen mit, drückten mir Stücke und Bücher in die Hand, konfrontierten mich mit gegenwärtigen Debatten.

Im Grunde habe ich hier ein wenig unstrukturiert und zufällig erlebt, was eine Ausbildung im Bereich Schreiben ausmachen könnte: Das Ernst-genommen-Werden als jemand, der nicht anders kann (oder will) als schreiben, die kontroverse Auseinandersetzung mit eigenen und fremden Texten, die Anregung und das Konfrontiert-Werden mit Bestehendem. Das kann verfeinert und in Module zerlegt werden. Was für mich wichtig war, in meiner «Ausbildung», und dazu führte, dass ich *dieses* Studium nicht abbrach: Dass es umfassend war und rundum praxisbezogen. Ich weiß nicht, ob das eine Ausbildung simulieren kann, ich hoffe es.

Diskussionen darüber, ob Literarisches Schreiben lern- und lehrbar sei, wurden in den letzten Jahren immer wieder geführt: An Theatern und Literaturhäusern, als Artikelserien in Zeitungen des In- und Auslandes. Man lerne beim Lesen, meinte beispielsweise Thomas Hürlimann bei einem Podiumsgespräch im Literaturhaus Zürich: Das sei die Ausbildung, der sich Schriftsteller zu allen Zeiten unterzogen hätten. Diese Auffassung teilte auch Peter von Matt im persönlichen Gespräch: «Es muss einer viele Bücher gelesen haben. Die Vorstellung vom Naturtalent, das aus seiner unbescholtenen Brust heraus ein Meisterwerk schreibt, ist Unsinn.» Seit Jahrzehnten sei es selbstverständlich, sagte Josef Haslinger, Leiter des Deutschen Literaturinstituts Leipzig, wiederum im Literaturhaus Zürich, dass Maler auf Akademien gingen, Architekten, Musiker, ja sogar Komponisten studieren dürften. Während in anderen Künsten die Genie-Ästhetik längst verschwunden sei, bleibe die Literatur ein hartnäckiger Nachzügler. Die Frage sei ja nicht, ob Schreiben lernbar sei, sagte mir Hans-Peter Schwarz, Direktor der Zürcher Hochschule für Gestaltung und Kunst, sondern ob es *lehrbar* sei: Und bekanntermaßen entwickle sich die Lehrbarkeit durch die Lehrtätigkeit.

«Wenn mich meine Erinnerung nicht täuscht», las ich bei Tobias Hülswitt, einem Absolventen des Leipziger Instituts, «dann habe ich mich keine Sekunde lang gefragt, ob ein solcher Studiengang lächerlich, versponnen oder vermessen daherkommt. Für mich bot er eine Möglichkeit, ein paar Jahre lang genau das zu tun, was ich wollte. Und zwar nicht als schwer zu erklärende Nebentätigkeit, wegen der man Freunde versetzt und der man nachgeht, wenn alle anderen Feierabend machen, sondern als legitime, ernsthafte Hauptbeschäftigung.»[1]

[1] DIE ZEIT 43/2000

Der Verband Autorinnen und Autoren der Schweiz AdS plant in Zusammenarbeit mit mehreren Hochschulen und Universitäten die Schaffung eines schweizerischen Literaturinstituts. Vorgesehen ist eine nationale Aus- und Weiterbildungsstätte in Biel/Bienne, mit zweisprachigen Klassen in Deutsch und Französisch. Neben dem Literarischen Schreiben bildet das literarische Übersetzen einen Schwerpunkt des geplanten Instituts. Außerdem sollen weitere Sprachen, zumindest auf Fortbildungsebene, einbezogen werden.

Seit Anfang Jahr trifft sich eine Projektgruppe, bestehend aus Vertreterinnen und Vertretern der Hochschule der Künste Bern HKB, der Hochschule für Gestaltung und Kunst Zürich HGKZ, der Zürcher Hochschule für Musik und Theater HMT und des Centre de traduction littéraire CTL an der Universität Lausanne mit Mitgliedern des AdS zu regelmäßigen Sitzungen. Nach einem umfangreichen Vorprojekt, das Bedürfnisabklärungen durchführte und Realisierungsmöglichkeiten prüfte, liegt nun ein eigentliches Konzept vor und beginnen die Gespräche auf politischer Ebene. Das Institut soll im September 2005 eröffnet werden.

In der Schweiz gibt es bisher keine Ausbildungsmöglichkeiten für Literarisches Schreiben oder Literarisches Übersetzen. Einzelne Schreibwerkstätten werden an Universitäten, Literaturhäusern und auf privater Basis angeboten. Außerdem bestehen Projekte im Bereich der Theaterautorinnen und -autorenförderung.

Die Idee eines nationalen Literaturinstituts geht von der spezifischen Sprachensituation der Schweiz aus. Als mehrsprachiges Land eignet sich die Schweiz, literarische Drehscheibe zwischen verschiedenen Kulturen zu sein. Umgekehrt trägt ein Institut, das sich professionell mit Sprache und Übersetzung auseinander setzt, zur Erforschung und Ausprägung schweizerischer Identität bei. Das vorgesehene Angebot wäre weltweit einmalig.

Weitere Informationen dazu sind auf der Website des AdS abrufbar: www.a-d-s.ch.

Johannes Fehr, *1957. Lebt in Erlenbach (ZH). Stellvertretender Leiter des Collegium Helveticum. Lehrt Sprachtheorie an der Universität Zürich.

Johannes Fehr

Strandgut – Eine Nachlese

diskussion

I

Im sechsten und letzten Kapitel seines 1979 erschienenen Essays *Schiffbruch mit Zuschauer*, unter dem Titel «Schiffbau aus dem *Schiffbruch*», führt Hans Blumenberg eine Passage aus einer sich mit Darwins Theorie der natürlichen Auslese befassenden Festrede des Physiologen Emil Du Bois-Raymond an, welche dieser zum Leibniz Tag 1876 auf Einladung der Berliner Akademie der Wissenschaften gehalten hatte: *Mögen wir immerhin, indem wir an diese Lehre uns halten, die Empfindung des sonst rettungslos Versinkenden haben, der an eine ihn nur eben über Wasser tragende Planke sich klammert. Bei der Wahl zwischen Planke und Untergang ist der Vorteil entschieden auf Seiten der Planke.*

Wie Blumenberg berichtet, kam Du Bois-Raymond 1880, wiederum am Leibniz Tag der Akademie, in «Die sieben Welträtsel», seinem wohl berühmtesten Festvortrag, auf sein Schiffbruchgleichnis zurück. Anlass dazu gab unerwünschter Beifall, den dieses Gleichnis inzwischen erhalten hatte. *Dass ich die Selektionstheorie einer Planke verglich, an der ein Schiffbrüchiger*

Rettung sucht, erweckte im jenseitigen Lager solche Genugtuung, dass man vor Vergnügen beim Weitererzählen aus der Planke einen Strohhalm machte.

II
Ich habe mich erst kürzlich intensiver mit Blumenbergs Essay befasst, im Rahmen meines sprachtheoretischen Kolloquiums an der Universität Zürich. Im vergangenen Winter hatten wir dort den Versuch unternommen, *Schiffbruch mit Zuschauer* Jean François Lyotards *La condition postmoderne* gegenüberzustellen. Mir war das gemeinsame Erscheinungsdatum der beiden Texte aufgefallen, 1979, und die gleichzeitige Verschiedenheit des Vorgehens, die auffällige Andersartigkeit von Impetus und Stil.

Der erste Satz etwa: *Der Mensch führt sein Leben und errichtet Institutionen auf dem festen Lande*, heißt es bei Blumenberg, und bei Lyotard: *Cette étude a pour objet la condition du savoir dans les sociétés les plus développées.* Respektive: *Diese Untersuchung hat die Lage des Wissens in den höchst entwickelten Gesellschaften zum Gegenstand.*

III
Ausgegangen bei der Lektüre waren wir von Lyotard, der in seiner bald berühmt und einflussreich gewordenen Studie, verfasst im Auftrag des Präsidenten des Universitätsrats der Regierung von Quebec, eine Zeitenwende diagnostiziert hatte: den Anbruch der so genannten Postmoderne, gekennzeichnet von der *Krise der Erzählungen*. In der *Einleitung* heißt es auch: *Bei extremer Vereinfachung hält man die Skepsis gegenüber den Metaerzählungen für «postmodern».*

Der Grund für diese Zäsur ist nach Lyotard – bei extremer Vereinfachung seines Argumentationsgangs – in den Auswirkungen einer neuen Informations- und Kommunikationstechnologie auf Sprachen und Wissen zu suchen. *In dieser allgemeinen – technologischen – Transformation bleibt die Natur des Wissens nicht unbehelligt. Es kann die neuen Kanäle nur dann passieren und einsatzfähig gemacht werden, wenn die Erkenntnis in Informationsquantitäten übersetzt werden kann. Man kann daher die Prognose stellen, dass all das, was vom überkommenen Wissen nicht in dieser Weise übersetzbar ist, vernachlässigt werden wird und dass die Orientierung neuer Untersuchungen sich der Bedingung der Übersetzbarkeit etwaiger Ergebnisse in die Maschinensprache unterordnen wird ... Das alte Prinzip, wonach Wissenserwerb unauflösbar mit der Bildung** [*im Original deutsch] *des Geistes und selbst der Person verbunden ist, verfällt mehr und mehr.*

IV

Nach einem ausdrücklichen oder sonst erkennbaren Bezug zu einem sich abzeichnenden, *Natur und Lage des Wissens* erfassenden informationstechnologischen Umbruch sucht man in Blumenbergs *Schiffbruch mit Zuschauer* vergeblich. Von Zeitgeisthektik offenbar unberührt, erstellt Blumenberg weit ausholend und mäandrisch ein *Repertoire nautischer Daseinsmetaphorik*, umreißt den *Bildtypus «Schiffbruch mit Zuschauer»*, die *Rezeptionsgeschichte der Konfiguration Schiffbruch mit Zuschauer*.

Unter das Pascal'sche Motto Vous êtes embarqué gestellt, breitet Blumenberg eine Sammlung von Sätzen und Textstellen aus, die von Sextus Empirikus, Thales von Milet, die Apokalypse des Johannes, Hesiod, Horaz, Zenon von Kition, Vitruv über Joachim Rhetikus, Abraham Gotthelf Kästner, Montaigne, Karl Josef Lamoral de Ligne, Nietzsche, Anselm Feuerbach, Casanova zu Alain

René Lesage, von Lukrez über Fontenelle, Voltaire, den Abbé Galiani, Johann Joachim Ewald, Herder, Goethe, Hegel, Schoppenhauer, Heine und Börne über Jacob Burckardt zum bereits genannten Emil Du Bois-Reymond führt, und von diesem schließlich zu Paul Lorenzen und Otto Neurath.

V

Es braucht Zeit, sich in dieses Textgefüge hineinzufinden, sich auf das Blumenberg'sche Herumstreifen einzulassen und den sich überlagernden und verzweigenden Argumentationslinien zu folgen. Dass lateinische Textstellen im Originalwortlaut ohne deutsche Übersetzung wiedergegeben sind, macht die Lektüre nicht einfacher.

Zu seiner Methode, dazu weshalb er gerade diese und nicht andere Zitate anführt, wie er zu seiner Auswahl gekommen ist, sagt Blumenberg wenig. Diese Fragen tauchen beim Lesen aber immer wieder auf, zum Beispiel bei dieser im zweiten Kapitel – «Was dem Schiffbrüchigen bleibt» – angeführten Stelle aus einem Brief, den, wie man dort erfährt, der Prince de Ligne 1759 an seinen ehemaligen Erzieher de la Porte schrieb: *Sie haben mir alles beigebracht, bis auf das Schwimmen, und Kalypso und Eucharis hätten mich in einem Anfall von Entrüstung sicher ins Meer geworfen. Aus Angst, auch nur einen einzigen Schiffbruch zu vermeiden, bin ich keiner einzigen Klippe ausgewichen, trotzdem bin ich niemals untergegangen, weil ich mich immer auf irgendeiner Planke gerettet habe, und ich fühle mich sehr wohl dabei.* Blumenberg begründet seine Methode nicht. Aber wer seinem Text folgt, kann sich dem Sog zwischen diesen sonderlichen Fundstücken kaum entziehen, die da unversehens angetrieben und nebeinander zu liegen kommen. Oder anders: Es wird spürbar, dass dieser Sog wirkt und das Bild trägt, jenseits der Frage, ob nun etwa ein Du Bois-Reymond den Brief dieses Prince de Ligne oder die anderen von Blumenberg gesammelten Zitate gekannt habe oder nicht. Das Bild der Planke trägt, nicht weil man weiß, dass es ein Bild ist, sondern weil es zu dem zählt, was im Sprachstrom schwimmt.

VI

Als wir im Kolloquium, es war im vergangenen Januar, zum Kapitel «Schiffbau aus dem Schiffbruch» vorgestoßen waren, wollte ich etwas mehr über Emil Du Bois-Reymonds Festreden wissen. Wie meist der Zeit nachjagend, lag ein Gang in die Zentralbibliothek auch an diesem Tag nicht mehr drin. Ich entsann mich aber, schon vor Jahren auf Du Bois-Reymond aufmerksam geworden zu sein, als einen von Sigmund Freuds Zimmergötzen. Im Zusammenhang mit Freud in Erinnerung geblieben war mir zumal der von diesem zitierte Satz aus einem Jungenbrief Du Bois-Reymonds: *Brücke und ich haben uns verschworen, die Wahrheit geltend zu machen, dass im Organismus keine anderen Kräfte wirksam sind als die gemeinen physikalisch-chemischen; dass, wo diese bislang nicht zur Erklärung ausreichen, mittels der physikalisch-mathematischen Methode entweder nach ihrer Art und Weise die Wirksamkeit im konkreten Fall gesucht werden muss oder dass neue Kräfte angenommen werden müssen, welche, von gleicher Dignität mit den physikalisch-chemischen, der Materie inhärent, stets auf nur abstoßende oder anziehende Komponenten zurückzuführen sind.*

Unter meinen Büchern fand sich keines von Du Bois-Reymond. Auf das gesuchte stieß ich hingegen in meinem Kopiearchiv. Da waren doch tatsächlich unter dem Buchstaben D abgelegt *REDEN VON EMIL DU BOIS-REYMOND. ERSTE FOLGE. LITE-*

RATUR, PHILOSOPHIE, ZEITGESCHICHTE. LEIPZIG: VERLAG VON VEIT & COMP., 1886. SEINEM ERNST BRUECKE IN WIEN GEWIDMET VOM VERFASSER. Es handelte sich um den richtigen Band, im Inhaltsverzeichnis waren sowohl der Vortrag «Darwin versus Galiani» von 1876 wie «Die sieben Welträthsel» von 1880 aufgeführt. Doch kopiert hatte ich vor Jahren nicht diese, sondern einzig «Über die Grenzen des Naturerkennens», gehalten *in der zweiten allgemeinen Sitzung der 45. Versammlung Deutscher Naturforscher und Ärzte am 14. August 1872.*

VII

Was tun? Ich machte etwas, woran ich bisher immer wieder nur mal gedacht hatte. Ins Suchfenster von Google tippte ich den Satz: *Bei der Wahl zwischen Planke und Untergang ist der Vorteil entschieden auf Seiten der Planke.* Und siehe da, unter http://people.freenet.de/mvhs.philosophie/Weltraetsel.htm wurde ich fündig, der ganze Vortrag von 1880 war im Wortlaut online, die sieben Welträtsel freilich ohne h geschrieben. Dafür war der Text mit nützlichen Übersetzungen fremdsprachiger Zitate versehen. Am Ende zum Beispiel: «*Dubitemus*» *[Wir sollten weiterhin zweifeln].*

Seither ist nun schon wieder einige Zeit verflossen. Mittlerweile habe ich vieles in Sekundenbruchteilen gefunden, wundere mich aber immer noch, wie das geht. Kürzlich zum Beispiel diesen Satz von Robert Walser: *Niemand ist berechtigt, sich mir gegenüber so zu benehmen, als kennte er mich.* Peter Bichsel hatte ihn zitiert in einer Poetikvorlesung in Zürich, unter dem Titel *Eingesperrt in Sprache. Oder warum ich ein schriftdeutscher Autor bin.* Ich hatte schon länger nach dem Text gesucht, in dem sich dieser Satz Walsers fand. In der Literaturbeilage der NZZ vom 16. August 2003, in der Bichsels

Poetikvorlesung abgedruckt war, fehlte eine Stellenangabe. Ich versuchte es mit Google. In *0,14 Sekunden* wurden *14* Treffer gemeldet. Darunter war unter anderem der besagte NZZ-Abdruck der Bichsel'schen Poetikvorlesung, aber auch ein Vortrag von *Dr. Jan Henning, gehalten auf der DGTA Konferenz in Hof am 12. Mai.2002, Jede Begegnung ist auch ein Abschied. Ernsthafte und weniger ernsthafte Überlegungen zur Bedeutung von Abschied,* in welchem der Walser-Satz mit dem Verweis auf *Grönemeyer – Das Leben als letzte Gelegenheit* zitiert wird. Da ich bisher weder mit Google noch in meiner Bibliothek herausgefunden habe, in welchem Text Robert Walsers der fragliche Satz genau steht, bin ich weiterhin dankbar für sachdienliche Mitteilungen, auch an folgende Adresse: fehr@collegium. ethz.ch.

VIII

Zweifellos wird es kaum mehr als eine Frage der Zeit sein, bis sich sämtliche von Blumenberg in *Schiffbruch mit Zuschauer* zusammengetragenen Textstellen auch über Google finden lassen, die lateinischen Zitate vielleicht sogar mit einer neusprachlichen Übersetzung versehen. Lyotards Bedenken bezüglich der Selektion des *überkommenen Wissens* durch die erforderliche *Übersetzung* in *maschinensprachliche Informationsquantitäten* scheinen sich, vorerst wenigstens, als unbegründet erwiesen zu haben. Denn prinzipiell kann jedes in alphabetischer Schrift oder in einem anderen Unicode kompatiblen Schriftsystem darstellbare Dokument Eingang ins World Wide Web finden ebenso wie die dafür formatierten Bild- und Tondateien. Und ihr «h» ist den sieben Welträtseln Du Bois-Reymonds jedenfalls nicht erst im Zuge der Digitalisierung abhanden gekommen.

Wenn es allerdings nicht nur und nicht einfach technologisch determinierte – genauer: als *technische* erkennbare oder verstandene – Vorgaben sind, welche darüber entscheiden, welche *Erkenntnisse die neuen Kanäle passieren und darin einsatzfähig gemacht werden,* heißt das noch lange nicht, dass es sich damit auch erübrigt habe zu fragen, was denn *das Wissen in den informatisierten Gesellschaften* auszeichne und worin die Bedeutung der durch den Prozess der Digitalisierung bewirkten *Transformationen* liege. Da wir uns mitten in diesem Prozess befinden, ist es indessen – voraussichtlich – für solche Fragen noch immer zu früh.

IX

Im Rückblick aber, und mit Bezug auf Lyotards koinzidierende Zeitdiagnose, wird vielleicht der Sog dieser merkwürdig schwebenden, sich treiben lassenden Suchbewegung noch stärker spürbar, aus der heraus die einzelnen Textbruchstücke und die Ordnung, in der diese, Strandgut gleich, in Blumenbergs Essay zu liegen kommen, ihre Bedeutung schöpfen. Damit ist keineswegs unterstellt, dass es das Potenzial zu solcher Bewegung sei, das letztlich oder wesentlich den Menschen von der Maschine, das Subjekt vom Programm, Literatur von Kommunikationstechnologie unterscheide. Unabdingbar hingegen für diese und jene sind die Sprachströme, Redemeere oder wenigstens Wörterseen, in die sie allesamt eingetaucht sind und an deren Oberflächen und Rändern sie mit *noch anderem Material* sich halten.

Petra Magdalena Kammerer, *1941, lebt in München. Bildende Künstlerin, Ausstellungen in Deutschland, England, Italien und Amerika. Diverse Publikationen von Kurzgeschichten in Literaturzeitschriften. Hörspielpreis der Stadt Karlsruhe 2003. Die Texte «Steyr» und «Uka» stammen aus einer längeren Erzählung, die sich noch in Arbeit befindet.

Petra Magdalena Kammerer

Steyr

außerdem

In Steyr habe ich das erste Mal eine Blunzen gegessen. Das ist eine Blutwurst mit Speck gespickt. Mein Onkel hat sie mir vor der Fleischhauerei mit dem Taschenmesser klein geschnitten. Wir aßen die Blunzen heimlich, weil meine Tante Vegetarierin war. Wir waren Verbündete, wegen der Blunzen. Deshalb liebte ich meinen Onkel, obwohl er eingeschriebenes Mitglied der Partei war. Aber das konnte ich als Kind ja noch nicht wissen.

In Oberösterreich waren fast alle eingeschriebenes Mitglied der Partei. Nach dem Krieg traf sich mein Onkel unten in der Stadt im Kaffeehaus mit seinen Parteigenossen. Eigentlich sah er aus wie ein Jude, so wie man mir die Juden beschrieben hatte. Er trug eine Riesenhakennase in seinem hageren Gesicht. Meine Mutter sah auch aus wie eine Jüdin. Deshalb ließ er sie nicht in sein Haus. Auch mochte er nicht, dass sie sich schminkte und die Fingernägel lackierte.

Einmal hat mein Onkel Goldfische gebraten. Er hat sie tot im Aquarium aufgefunden und sofort gebraten. Das ganze Haus hat entsetzlich gestunken. Bei aller Liebe. Ich habe ihm beim Essen nicht Gesellschaft geleistet. Am Sonntag servierte ihm seine Frau Emma panierte Fleischwürste im Wohnzimmer. Danach verließ sie den Raum mit dem sonntäglichen Spruch «Der Mohr hat seine Schuldigkeit getan». Sie hatten vier Kinder miteinander. Das Bett aber teilten sie nicht. Sie schlief oben im lavendelduftdurchtränkten Schlafzimmer. Er schlief unten im Klavierzimmer. Am Abend im Bett rauchte er seine selbstgedrehten Zigaretten. Der Husten zerriss ihn fast. Sie spielte die üblichen Beethoven-Sonaten, dazwischen Brahms, während er im Bett hustete und fluchte. Sie fing auch an zu husten, wegen des Rauches im Zimmer. Sie beschimpften sich wegen der gegenseitigen Belästigungen. Doch keiner gab nach in den Jahren, die ich bei ihnen lebte.

Mein Onkel war ein besonderer Mensch. Nach dem Krieg legte er seinen Vornamen nicht ab, so sehr verehrte er seinen Führer. Nach dem Krieg durfte er nicht mehr an der Hochschule unterrichten. Er wurde Privatschreiner. Das ganze Haus stand voll mit seinen Möbeln. Jede Gelegenheit nahm ich wahr, um die Steintreppe zu ihm hinunterzulaufen. Zum Beispiel wenn ich die Stockmilch in der Speisekammer holen musste oder die nasse Wäsche aus der Waschküche. Der Geruch des Holzes vermischt mit dem seiner Zigaretten zog mich an. Er trug eine Russenkappe. Er sägte und hobelte. Die Hobelspäne lagen auf dem Boden. Er fluchte, wenn ihm etwas nicht gelingen wollte. Sein Fluchen hörte man durch das ganze Haus.

Im kleinen Vorgarten hinter der Küche hielt mein Onkel Hühner. Alle paar Monate schlachtete er ein Huhn. Ich hörte das Geschrei der Henne, hinter der er mit einem scharfen Messer in der Hand herlief. Später, als der Kopf ab war, lief die Henne kopflos herum. Es schien, als schrie sie immer noch. Er warf die kopflose Henne auf den Gepäckträger seines Fahrrads und fuhr hinunter in die Stadt. Wo er sie verzehrte, erfuhr ich nie.

Sein Fahrrad war alt und klapprig. Jeden Tag fuhr er damit den Berg hinunter ins Kaffeehaus, um seine alten Parteigenossen zu treffen. Manchmal besuchte ich ihn dort. Die Männerrunde lachte mir entgegen: «Na, Sophia, hast du Sehnsucht nach deinem Onkel?» Berührt hat er mich nie, mein Onkel, aber er forderte mich auf, neben ihm zu sitzen, und bestellte eine heiße Schokolade für mich. Ohne ihn wäre ich in Steyr gestorben, vor allem wegen Uka, dem verzogenen Fratzen, dem letzten Kind, in Hass und Verachtung gezeugt
im Klavierzimmer vielleicht
im lavendelduftdurchtränkten Schlafzimmer
unten in der Schreinerei auf einer Hobelbank
nebenan in der Waschküche
oder im Garten, in dem Emma nackt ein Sonnenbad zu nehmen pflegte.

Schon bei meiner Ankunft hatte ich Angst vor meiner kleinen Cousine Uka. Sie führte mich in den großen Garten zu einer Hutsche. Die Hutsche überschlug sich fast, so fest hat sie mich angehutscht. Mir war speiübel, ich wollte nichts als zurück zu meiner Großmutter, die nicht mehr lebte.

Im Garten standen hohe Fichtenbäume, Kirschbäume, Marillenbäume, Apfelbäume. Im schattigen Teil, da wo die Hühner waren, stand ein Nussbaum. Im Ribislgebüsch trieb Uka schweinische Spiele mit mir. Anschließend lief sie zu ihrer Mutter und sagte: «Sophia hat schweinische Spiele mit mir gespielt.» Ich wurde bestraft. Ich bekam kein Butterbrot.
    Das Essen spielte für mich eine große Rolle, damals in Steyr. Ständig meinte ich, zu kurz zu kommen. Das hatte damit zu tun, dass ich nur das Ziehkind war. Ich wollte zurück zu meiner Großmutter, bei der es Fleisch und Wurst gab. Schon am Morgen schmierte Tante Emma ihrem verzogenen Fratzen zwei Butterbrote für die Schule, während sie mir nur eins schmierte. Das verdarb mir bereits den Tag.

Uka war ein Biest. Sie war das Lieblingskind ihrer Mutter. Ich musste das Bett mit ihr teilen. Durch den begehbaren Kleiderschrank, in dem Tante Emmas Leinenkleider hingen, kamen wir in das Mutterschlafzimmer. Ich betrat es kaum. Ich mochte meine Ziehmutter nicht. Uka aber schlüpfte ständig zwischen den Zimmern hin und her, während ich im Stockbett lag, vor Angst ganz kalt. Ich war mir sicher, Uka würde wieder Lügenmärchen erzählen über schweinische Spiele.

Blunzen war auch ein Schimpfwort in Oberösterreich. Uka war für mich die größte Blunzen.

Unter der Trauerweide war ein Planschbecken. Die Blätter der Weide färbten das Wasser grün. Der Boden des Beckens war glitschig. Bei ausgelassenem Wasser krochen Würmer im Schlamm. Im Sommer nahm Tante Emma jeden Morgen nackt ein Bad unter der Trauerweide. Das Planschbecken hätte ich gerne ganz für mich gehabt, denn ich war eine gute Schwimmerin. Ich konnte unbeweglich auf dem Rücken liegen und durch die Trauerweide in den Himmel schauen. Ich dachte dann an meine Großmutter und wie schön es mit ihr war. Ich hörte sie vom Himmel herunterrufen: «Sophia, komm nach Hause!»

In meinem Bett, während Tante Emma Klavier spielte und Onkel Adolf fluchte, betrachtete ich die zwei Fotografien. Eine zeigte meine Mutter in einem weißen Abendkleid auf einem Laufsteg, die andere meine Großmutter. Ich schaute lange in das Gesicht meiner Großmutter.

In der Nacht träumte ich wieder, dass ich die Siedlung im 18. Bezirk suchte, in der meine Oma wohnte. Es war immer derselbe Traum. Ich lief durch die Straßen des 18. Bezirks und suchte das Haus, in dem ich mit ihr gelebt hatte. Ich konnte es nicht finden. Alle Häuser sahen gleich aus. Meine Augen suchten das Fenster, aus dem wir jeden Abend hinausschauten. Endlich stand ich vor dem richtigen Haus. Ich betrat es, irrte durch leere Wohnungen. Manchmal, in den Träumen, fand ich unsere Wohnung, und da saß meine Grossmutter auf dem Küchenstuhl. Sie hatte auf mich gewartet.

Als mir dann die Polypen entfernt wurden, lachte ich endlich wieder. Wegen des Lachgases. Der Arzt legte mir während der Operation eine schwarze Maske vor das Gesicht, aus der das Gas strömte. Für die nächsten Tage verordnete er mir Biskuits, die mir Uka, die später verrückt wurde, vor der Nase wegaß.

Meinen Futterneid durchschaute Uka schnell. Wenn ihre Mutter nicht in der Nähe war, hielt sie die Hand auf und sagte: «Bitte eine kleine Gabe für eine arme Frau.» Ich hatte Mitleid mit ihr, so als hätte ich geahnt, dass mit ihr etwas nicht stimmte. Sie lachte hämisch, als ich ihr das Butterbrot gab.

Im Sommer schwamm ich mit Uka in der Enns. Wir ließen uns mit der Strömung treiben. In der Mitte des Flusses waren Strudel, die auf der Wasseroberfläche Kreise zogen. Wir waren beide gute Schwimmerinnen, leider, denn beim Anblick der Strudel wünschte ich mir, dass Uka samt ihrer langen Zöpfe hinuntergezogen würde, tief hinunter, und nicht mehr auftauchen würde.

Uka wollte Balletttänzerin oder Schauspielerin werden. Sie wurde von einem Berufsfotografen fotografiert. Sie steht in Ballettschuhen auf der Treppe zum Tabor. Sie trägt ein langes weißes Kleid, der runde Ausschnitt ist mit Spitzen verziert. Sie steht auf den Spitzen der rosaroten Schuhe, einen Arm wie zu Beginn eines Tanzes erhoben. In die blonden Zöpfe sind rosarote Bänder geflochten.

Später wurden ihre Beine so dick, dass sie das Tanzen aufgeben musste. Sie wurde Malerin. Sie malte Penisse. Schon als Kind interessierte sie sich für Geschlechtsteile. Sie saugte an meinen wachsenden Brüsten im Ribislgebüsch.

In Steyr treffen sich zwei Flüsse, die Steyr und die Enns. Man überquert sie über zwei Brücken. Zwischen den Brücken befand sich früher eine Trafik, in der ich Briefmarken für die Briefe an meine Mutter kaufte. Jede Woche schrieb ich meiner Mutter, die ich kaum kannte, sie solle mich wieder abholen. Lieber wollte ich noch bei ihr sein, als bei der hoch gestochenen Tante Emma mit ihrer verrückten Uka. «Bald hole ich dich ab», schrieb sie jedes Mal zurück.

Mit der Milchkanne in der Hand warf ich dem Briefkasten einen hoffnungsvollen Blick zu, so als könnte er meine Probleme lösen.

Ich konnte auch ohne Lachgas in Steyr lachen. Mit Onkel Adolf vor der Fleischhauerei. Er machte Witzchen mit mir, seine Augen lachten verschmitzt hinter seiner Nickelbrille, während wir unsere Blunzen aßen. Oder mit Herrn Meyerhofer, meinem Klavierlehrer. Der konnte über sich selbst lachen. Ich starrte ständig auf die schwarzen Haarbüschel auf seinen Handrücken. Er ließ mich darüber streichen. Wir spielten vierhändig; unsere Hände verhedderten sich dabei. Er lachte laut dabei und setzte meine Hände wieder in die richtige Position.

Auch Emma spielte vierhändig mit mir. Während sie spielte, hob sie ab und zu, sehr dramatisch, die rechte Hand. Eigentlich wollte sie Klavierspielerin werden, aber die vier Kinder hatten ihr einen Strich durch die Rechnung gemacht.

Emma führte das Regiment im Haus. Die Kinder waren alle gegen den Vater. Während er einsam im Keller seine Möbel anfluchte, tanzten die Mädchen in Ballettschuhen zum Klavierspiel ihrer Mutter. Ich bekam keine Ballettschuhe. Ich war zu groß. Ich musste auf einer Handtrommel, mit Glöckchen verziert, den Takt schlagen.

Meinen Vater verehrte Emma wie einen Gott. Im Haus hingen in jedem Zimmer Porträts von ihm. Er war Schauspieler und ein schöner Mensch. Er verkörperte für sie das Ideal der Menschheit: makellose Schönheit, Kultur und Natur in einer harmonischen Einheit.

Im Haus hingen
Ölgemälde
Kohlezeichnungen
Pastellzeichnungen
Rötelzeichnungen
von Emmas Kindern, die ebenfalls schön waren. Ihre Porträts, gemalt vom akademischen Kunstmaler Hotter, hingen dicht neben denen meines Vaters. Onkel Adolf fehlte.

Regelmäßig suchte sie in der Innenstadt den akademischen Kunstmaler Hotter auf. Ihre Besuche in der Stadt hatten etwas Theatralisches. Sie mischte sich nicht gerne unter die Steyrer, das gemeine Volk. Sie trug eines ihrer Leinenkleider, ihr weißes Haar war zu einem Knoten gebunden, ein Duft von Lavendel umhüllte sie. Sie schritt daher wie eine Königin. Das mochten die Steyrer nicht.

Sie zeigte ihren Unwillen auf den Straßen. Die Steyrer wichen ihr aus. Ukas blondes Haar war zu zwei dicken Zöpfen geflochten. Sie hielt die Hand ihrer Mutter. Ich lief neben ihnen her. Uka hatte einen Termin. Ein Porträt wurde von ihr gemalt beim Kunstmaler. Emma führte während der Sitzung gebildete Gespräche mit dem Maler. Mit solch kultivierten Menschen umgab sie sich gerne. Für Adolf war sie viel zu schade. Schon nach dem ersten Kind hatte sie sich das gedacht. Ich wurde nicht porträtiert. Einmal aber sagte der akademische Kunstmaler Hotter zu mir: «Du bist aber ein liebes Mädchen.»

Besonders schlimm war es, wenn mein Vater zu Besuch kam. Er lebte in Wien und hatte alle paar Monate seinen großen Auftritt in Steyr. Emma, seine Schwester, holte ihn vom Bahnhof ab. Sie schritten daher wie ein Liebespaar, über die Brücken, die Tabortreppen hinauf zum Haus. Der Tisch im Wohnzimmer war bereits gedeckt für meinen Vater. Auf der Anrichte, von Onkel Adolf aus Kirschbaumholz gezimmert, stand bereits die Ribisltorte. Natürlich gab es das Lieblingsessen meines Vaters: Marillenknödel mit gerösteten Semmelbröseln und Zucker. Einmal hat er dreißig Stück davon gegessen. Alle bewunderten ihn. Auch ich bewunderte ihn, obwohl er mit mir nicht sprach, geschweige denn mich angeschaut hätte. Ich war ihm sicher zu hässlich.

Einmal hat er aber doch mit mir gesprochen. Ich bin nicht mehr in die Klavierstunden gegangen. Ob es daran lag, dass ich kein Talent hatte, mir das abendliche Klavierspiel meiner Tante schon reichte oder ob ich wollte, dass mein Vater endlich mit mir sprach, oder ob es einfach die Wurstsemmeln waren, die ich vom Klaviergeld kaufen konnte. Jedenfalls, mein Vater sprach im Klavierzimmer, zwischen Klavier und Onkel Adolfs Bett, mit mir. «Ich ermögliche dir bei deiner Tante ein Leben, wie du es bei deiner einfältigen Großmutter nie gehabt hättest», sagte er. «Hier lernst du Kultur und Bildung kennen. Deine Tante ist ein wertvoller Mensch. Sie spielt mit dir Klavier, sie nimmt dich mit in Konzerte und du, du hintergehst sie monatelang, kaufst dir heimlich Wurstsemmeln. Du hast die Manieren deiner Großmutter immer noch nicht abgelegt. Nimm dir ein Beispiel an deinen Cousinen», sagte er mit seiner tiefen Stimme.

Mein Klavierlehrer, Herr Meyerhofer, beschloss dann von sich aus, den Klavierunterricht abzubrechen. Er war ein lieber Mann, aber es half nichts, ich wollte nicht Klavier spielen.

Uka

Auf dem menschenleeren, sauber gefegten, ehemaligen Appellplatz von Mauthausen stellte Julio seine Kamera auf, legte das schwarze Tuch über sich und den Apparat, und fotografierte die vertrocknete Rose, verloren in einer Plastikvase, die in einer der umliegenden Einzelzellen stand.

In der Mittagshitze fuhren wir schweigend weiter und setzten uns in Steyr am Hauptplatz in einen Biergarten. Anschließend spazierten wir über eine der zwei Brücken, wo die Steyr und die Enns sich treffen, schauten auf die kleine Insel aus schneeweißen Steinen, auf der Möwen miteinander schnatterten. «Lass uns hinaufgehen zum Haus», sagte ich.

Als wir vor dem Haus standen, zeigte Julio zuerst auf die Birken, die in Reih und Glied entlang des Zauns standen. «Was haben Birken mit dem Nationalsozialismus zu tun?», fragte Julio. «Kult, Kraft und Schönheit», sagte ich und musste lachen. Das Licht der Sonne ließ die Blätter silbern glänzen, ein paar Äpfel fielen in der Stille auf die Wiese, die hohen Lerchen im hinteren Garten wiegten ihre Spitzen hin und her, sie neigten sich mir entgegen, so als hätten sie mich wiedererkannt.

Ich war versucht, die verrostete Hausglocke zu ziehen, die immer noch im Vogelhäuschen hing, aber Julio meinte, keiner würde mir aufmachen, das Haus sehe unbewohnt aus. Ich zeigte mit dem Finger auf das Fenster, hinter dem das Zimmer lag, das Uka und ich uns teilten. Wir standen noch eine Weile vor dem Tor, die Bäume dahinter, von denen ich jeden einzelnen noch aus meiner Kindheit kannte, standen groß und aufrecht um das Haus, sie hatten sich nicht, wie deren Besitzer, brechen lassen, ja es schien mir, als hätten sie darauf gewartet, dass die Brut endlich verschwand.

«Da liegen noch viele Leichen im Keller», sagte Julio, nachdem wir dem Haus den Rücken kehrten, über den Tabor hinunter in die Stadt liefen. Wir standen unschlüssig in der düsteren Gasse, die am Fluss entlangführt, vor verwitterten Häusern, in deren Wohnungen man die feuchte Kälte ahnte. Die Frau, die plötzlich neben uns stand, fragte angesichts unserer Unentschlossenheit: «Suchen Sie etwas?» «Ich habe in Steyr meine Kindheit verbracht», sagte ich, was die behäbige Frau veranlasste, uns in ein Gespräch zu verwickeln. Sie kannte die Familie, bei der ich gelebt hatte, geriet in eine geradezu lüsterne Aufgeregtheit, vor allem als wir auf Uka zu sprechen kamen. Ihre Ahnungslosigkeit, dass Uka vor vielen Jahren gestorben sei, nahmen wir ihr nicht ab, ja es schien, als wisse die Alte mehr, als wir wussten. Ich wollte den Platz so schnell wie möglich verlassen. «Kommen Sie mich doch einmal besuchen, Sie können jederzeit bei mir wohnen», rief sie uns nach und verschwand in einem der Häuser am Fluss.

«Diese Frau hat deine und Ukas Familie gut gekannt, von ihr könntest du viel erfahren. Als du ein Kind warst, war sie vielleicht 20. Sicher war sie in der Nazizeit beim Bund deutscher Mädchen, so sieht sie aus», sagte Julio, während wir auf dem Hauptplatz Steinpilzgulasch mit Serviettenknödeln aßen. «Vielleicht ist Uka ein untergeschobenes Kind gewesen, solche Lebenslügen sind doch gang und gäbe.» «Ich weiß schon genug über Uka, mehr will ich nicht wissen, dräng mich nicht», erwiderte ich.

Nicht weit von der Akademie für Angewandte Kunst, an der Uka studierte, befindet sich der Stadtpark, durch den sie in den Pausen oder auf dem Weg in die Mariannengasse, in der sie ein Zimmer gemietet hatte, spazierte. Meist ging sie am leeren Flussbett entlang, in dem früher die Wien floss, oder sie setzte sich in die Nähe des Kursalons auf eine Bank und lauschte den Walzermelodien des Orchesters.

Uka fühlte sich sehr verlassen in Wien, die Verwandten dort waren nicht gut zu sprechen auf sie. «Etwas stimmt nicht mit ihr», sagten sie.

Eines Tages, als sie wieder im Park saß, spazierte der Vater ihres Kindes vorbei. Sie hatte ihn nicht bemerkt, weil sie meist abwesend war, weit in sich drinnen, in der anderen Welt. Walter aber hatte sie, obwohl sie sich gut zehn Jahre lang nicht mehr gesehen hatten, gleich erkannt. Das Zusammentreffen musste für sie eine große Bedeutung gehabt haben, denn ein paar Wochen später heirateten sie.

Ihr gemeinsamer Sohn, dessen Vaterschaft Walter damals ablehnte, befand sich, während sich seine Eltern im Stadtpark wiedersahen, bei seiner Großmutter in Steyr.

In Steyr wurde zuvor ein Vaterschaftsprozess geführt, nicht nur im Gerichtssaal, sondern auch auf den Straßen der Stadt. Es kam zu Handgreiflichkeiten zwischen Ukas Mutter und der Mutter des Kindsvaters, die bis dahin Freundinnen waren. «Deine Tochter, der Trampl, ist ein Flietscherl, dies mit jedem treibt», schrie die eine, und die andere brüllte zurück: «Dein Sohn, der Lausmentsch, hat meine Tochter verführt, anstatt ihr Nachhilfestunden zu geben.» Schiaches Luder, Zupfgeign, Blunzen und andere Schimpfwörter gingen hin und her. Die Steyrer bildeten einen Ring um sie, wie bei einem Boxkampf, während Uka mit dickem Bauch im Garten ihrer Eltern unter der Lerche lag und ihren inneren Stimmen lauschte.

Die Geburt des Kindes, eine Hausgeburt, verlief reibungslos; das Kind flutschte geradewegs in die Arme seiner Großmutter, die es sofort auf Ukas Riesenbrüste legte.

Bis das Kind abgestillt war, und das dauerte zwei Jahre, blieb Uka in Steyr, stellte sich sozusagen als Amme zur Verfügung, alle anderen Kleinkindpflichten hatte ihre Mutter übernommen. Uka lag unter den Bäumen und wartete auf die nächste Stillzeit; aus ihren prallgefüllten Brüsten tropfte ab und zu Milch über ihren Bauch, hinunter auf die Erde.

Nachdem die Brüste endgültig leer getrunken waren, fuhr Uka nach Wien, um Kunst zu studieren. Der Junge blieb in Steyr bei der Großmutter.

In Steyr waren die Einflüsterungen der inneren Stimmen noch sanft mit Uka, sie konnte mit ihnen leben und kommunizieren, ohne dabei sonderlich aufzufallen. In Wien aber, entrissen aus der Kleinstadtidylle, hineingeworfen in die Stadt der Schwermut, in den Nebel über dem Donaukanal, der grau und träge vor sich hinfloss, überkam sie eine Todessehnsucht. Ihr täglicher Weg ins Praterviertel, durch Gassen, in denen die Häuser dunkel auf sie blickten, die Stimmen plötzlich aus dem Wasser des Kanals, aus den toten Fenstern der Häuser auf sie eindrangen, wurde ihr zur Qual. In dieser Stadt brach ihre Krankheit aus. Die Stimmen bedrängten sie, forderten sie auf, sich zu wehren gegen die Menschen in der Stadt, die ihr nichts Gutes wollten. Die Stimmen sagten: «Nur entblößt zeigt man sein wahres Gesicht», und so hatte sie sich das erste Mal hoch über der Stadt auf dem Riesenrad entblößt. Im Riesenrad aber war sie zu weit weg von den Menschen, denen sie es zeigen wollte. Ihr Lieblingsplatz wurde das Schottentor. «Alles Proleten, der reinste Balkan treibt sich hier herum», schrie die Göttliche und zeigte ihre Brüste. Besonders gerne stellte sie sich vor die einfahrende Straßenbahn, unten am Schottentor. Mit erhobener Faust fing sie an zu fluchen, sprang auf die Gleise. Das Kleid war schnell abgelegt, einen Büstenhalter trug sie nicht. Meist schaffte sie es noch, ihre Unterhose auszuziehen. Ihre Feinde glotzten sie an. Die Polizei zog der Umsichschlagenden eine Zwangsjacke an, fuhr sie in die Psychiatrie unweit vom Schottentor. Vielleicht tat sie es immer wieder da unten, weil sie wusste, dass der Weg nicht weit war in die Psychiatrie.

Elektroschocks wurden zur Gewohnheit. Danach kam die Schwermut, alle Energie war ihr genommen, sie vermochte ihre Glieder kaum mehr zu bewegen, saß da und wartete.

In einem solchen Zustand, in den Pausen ihrer Krankheit, hatte sie Walter im Stadtpark wieder getroffen. Hintereinander gebar sie noch zwei Kinder. Schwangerschaft und Stillzeit ließen sie zur Ruhe kommen. Weder hatte sie das Bedürfnis, sich auszuziehen, noch Obszönitäten in die Welt hinauszuschreien. Deshalb stillte sie über die Jahre hinweg, am liebsten auf öffentlichen Plätzen.

Vielleicht wäre es so weitergegangen, ein Kind nach dem anderen, aber Walter wandte sich von ihr ab, er mochte ihren enormen Umfang nicht mehr umarmen. Das war ihr Ende. Der große Sohn fand sie tot auf.

Von Steyr fuhren wir weiter nach Wien; ich wollte Julio das Familiengrab zeigen. Wir liefen die Pötzleinsdorfer-Straße hinauf nach Neustift am Walde.

Im Friedhof, der sich auf einem Plateau hinzieht, mit Blick auf die Weinberge, hatten wir Mühe, das Grab zu finden. Es befindet sich am Ende des Friedhofs, da wo der Wienerwald anfängt. Im Grab liegt zuunterst der erste Mann meiner Großmutter. Unter seinem, in einen Stein eingravierten Namen steht «Hausbesitzer und Privatier». Dann folgen meine Großmutter, Uka, Tante Emma und Onkel Adolf, Onkel Gustl, Tante Mizzi und mein Vater. Unter seinem Namen steht «Hofschauspieler».

Fabian Biasio, geboren 1975 in Zürich. Ausbildung am MAZ, Schweizer Journalistenschule. Lebt als freier Fotograf in Luzern. www.biasio.com

Fabian Biasio

Tagebuch einer Exekution

James Colburn wurde am 26. März 2003 im US-Bundesstaat Texas mit der Giftspritze hingerichtet. Er tötete im Jahr 1994 die 55-jährige Peggy Murphy aus seiner Heimatstadt Conroe. Der Ruf nach Vergeltung ist ein gängiges Argument für die Exekution von Mördern — die Familie des Opfers soll Frieden finden können. «Auge um Auge» lautet die simple Formel dieser Art von Gerechtigkeit.

Tina Morris liebte ihren Bruder James bis zu seinem letzten Tag. Von unabhängigen Gutachtern wurde er als schizophren erklärt. Während im Zentralgefängnis von Huntsville das tödliche Gift in seine Venen floss, rief sie ihm durch die Glasscheibe des Zuschauerraums zu: «I love you, James!» Als Erinnerung an die gemeinsame Kindheit bleibt ihr ein Foto, aufgenommen vor 36 Jahren.

Ausstellung
**Wo Töten Alltag ist –
Hunstville/Texas,
die Exekutionsmetropole der USA**

CoalMine Fotogalerie
Volkart Haus
Turnerstraße 1
8401 Winterthur
www.coalmine.ch

Eröffnung 26. Januar 2004
mit Podiumsgespräch

27. Januar 2004 bis 17. April 2004.

Montag bis Mittwoch
von 8 bis 19 Uhr
Donnerstag/Freitag
von 8 bis 22 Uhr
Samstag
8 bis 18 Uhr

Fabian Biasio

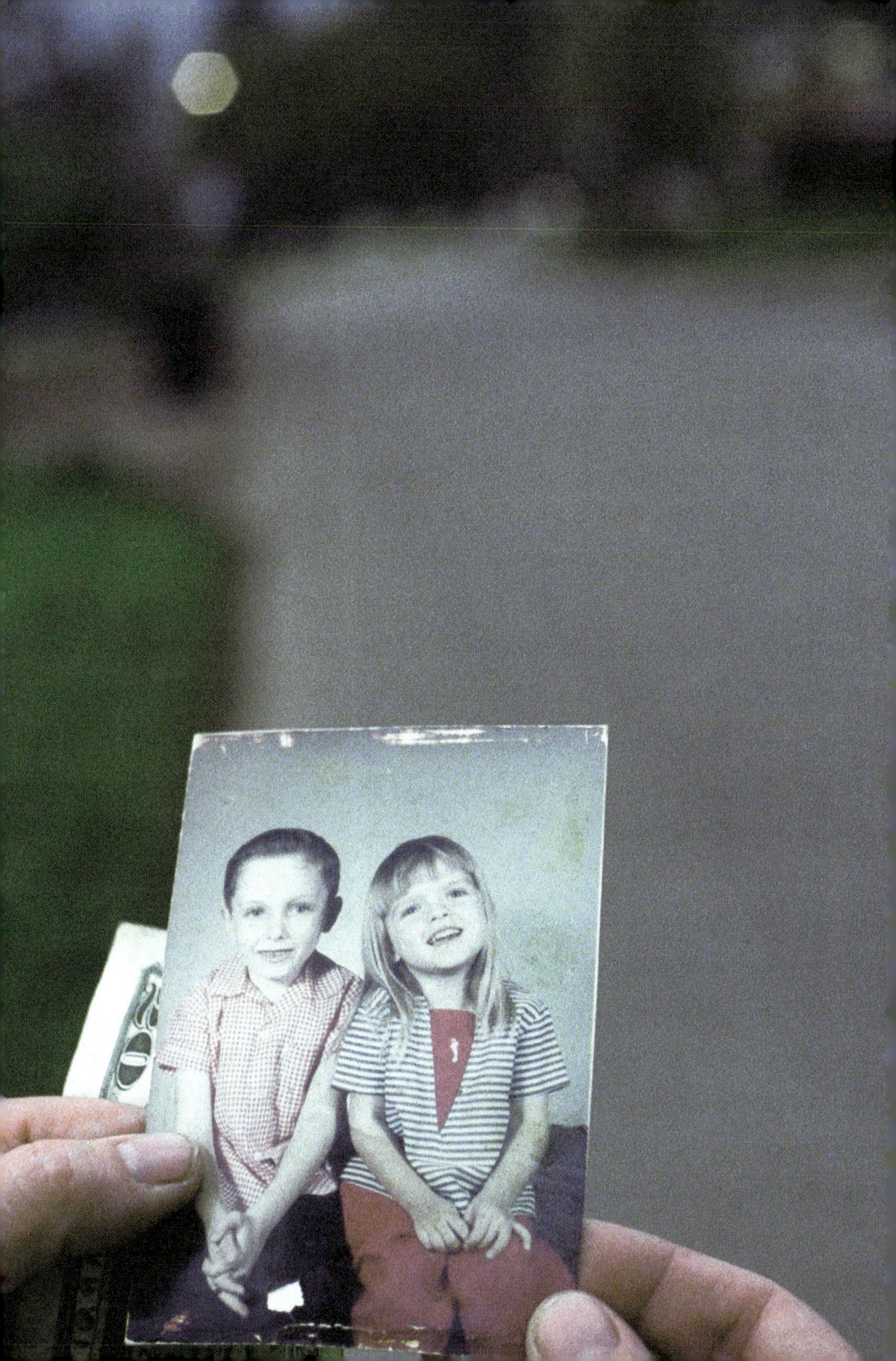

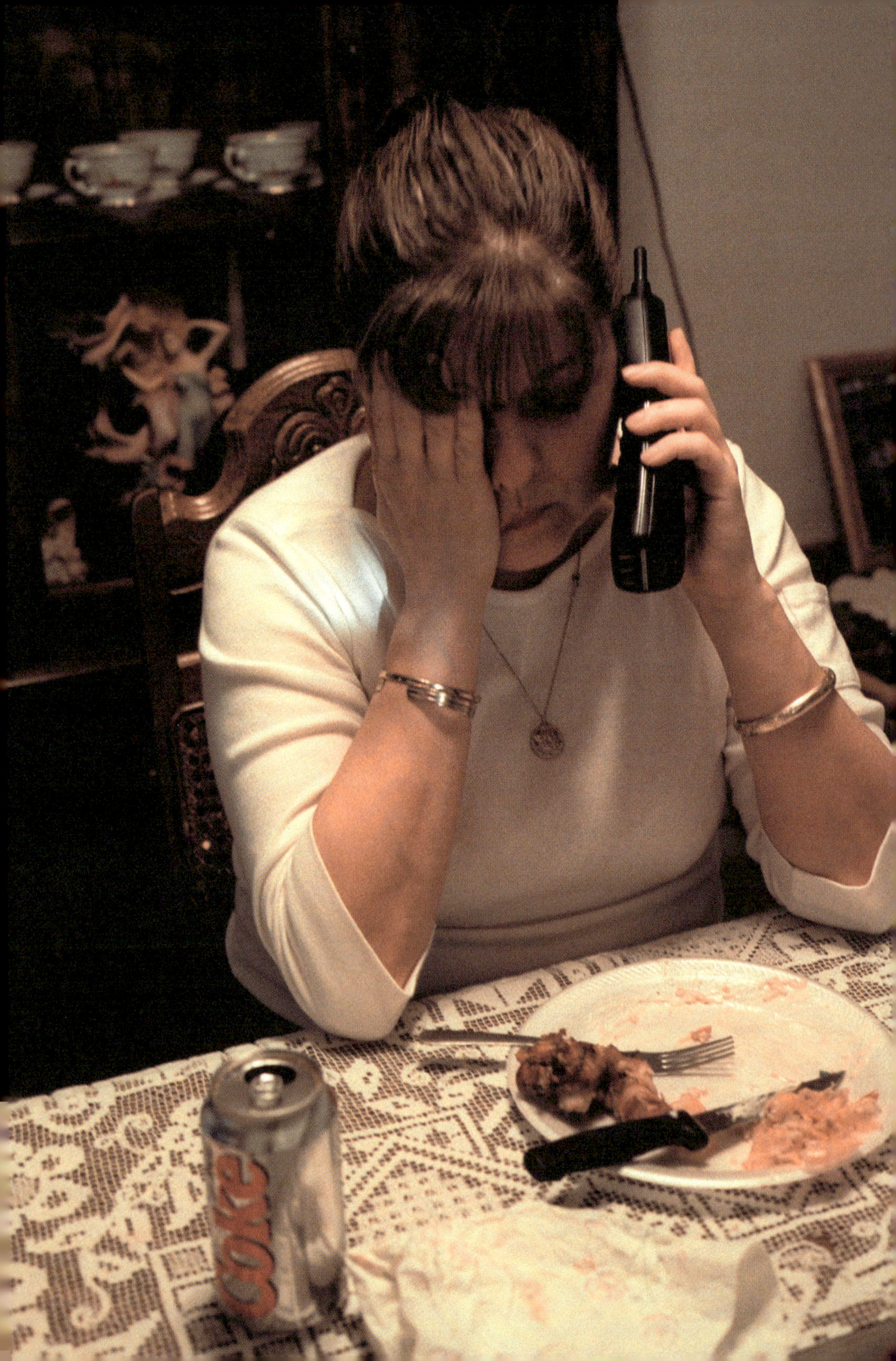
Coke

Noch vier Tage bis zur Exekution Tina telefoniert mit einer Tante. Diese will den Termin der Beerdigung wissen. Noch könnte das höchste Gericht die Exekution aufschieben.

310 Menschen wurden – seit der Wiedereinführung der Todesstrafe in Texas bis zum Tag, als diese Ausgabe «entwürfe» produziert wurde – exekutiert.

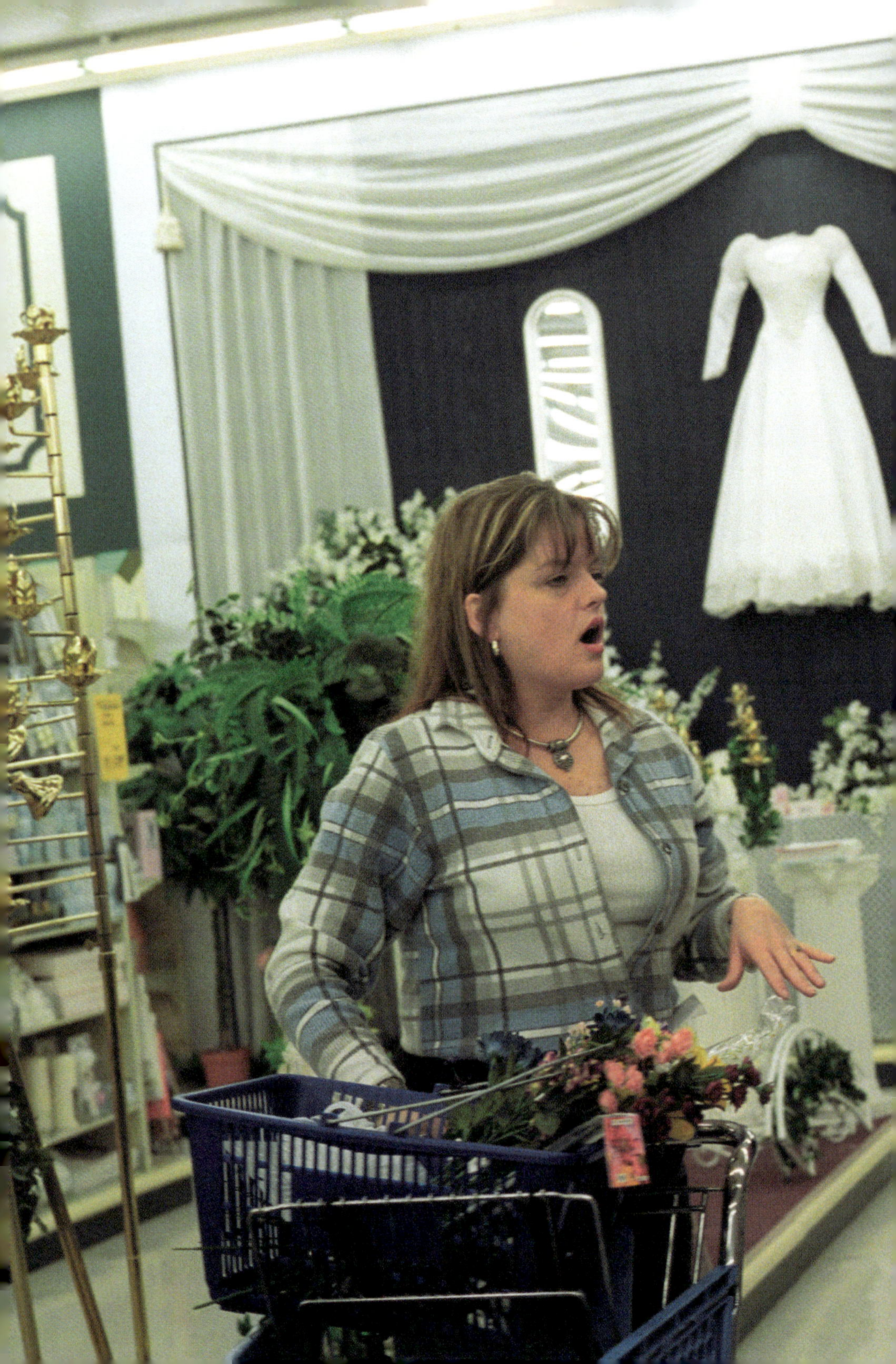

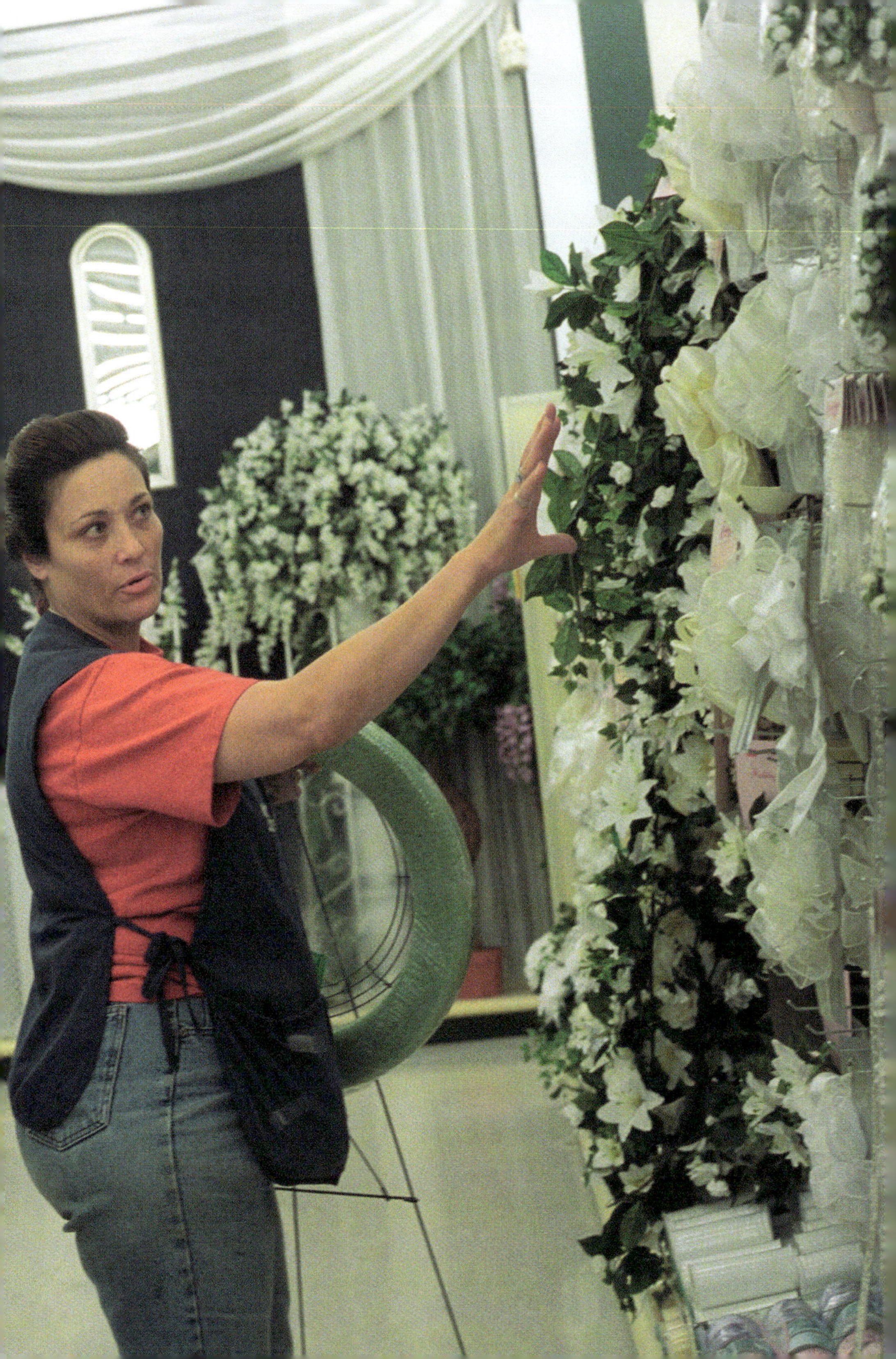

← **Grabschmuck** Tina kauft im Haushaltswarengeschäft «Hobby Lobby» Plastikblumen für einen Kranz.

26. März, 9 Uhr Tinas Lebenspartner David arbeitet Nachtschicht im Metallwerk. Heute fährt er sie zum Todestrakt. Es ist ihr letzter Besuch.

26. März, 15.30 Uhr Im christlichen «Hospitality House» in Huntsville werden Familien empfangen, welche auf die Exekution ihrer Angehörigen warten müssen.

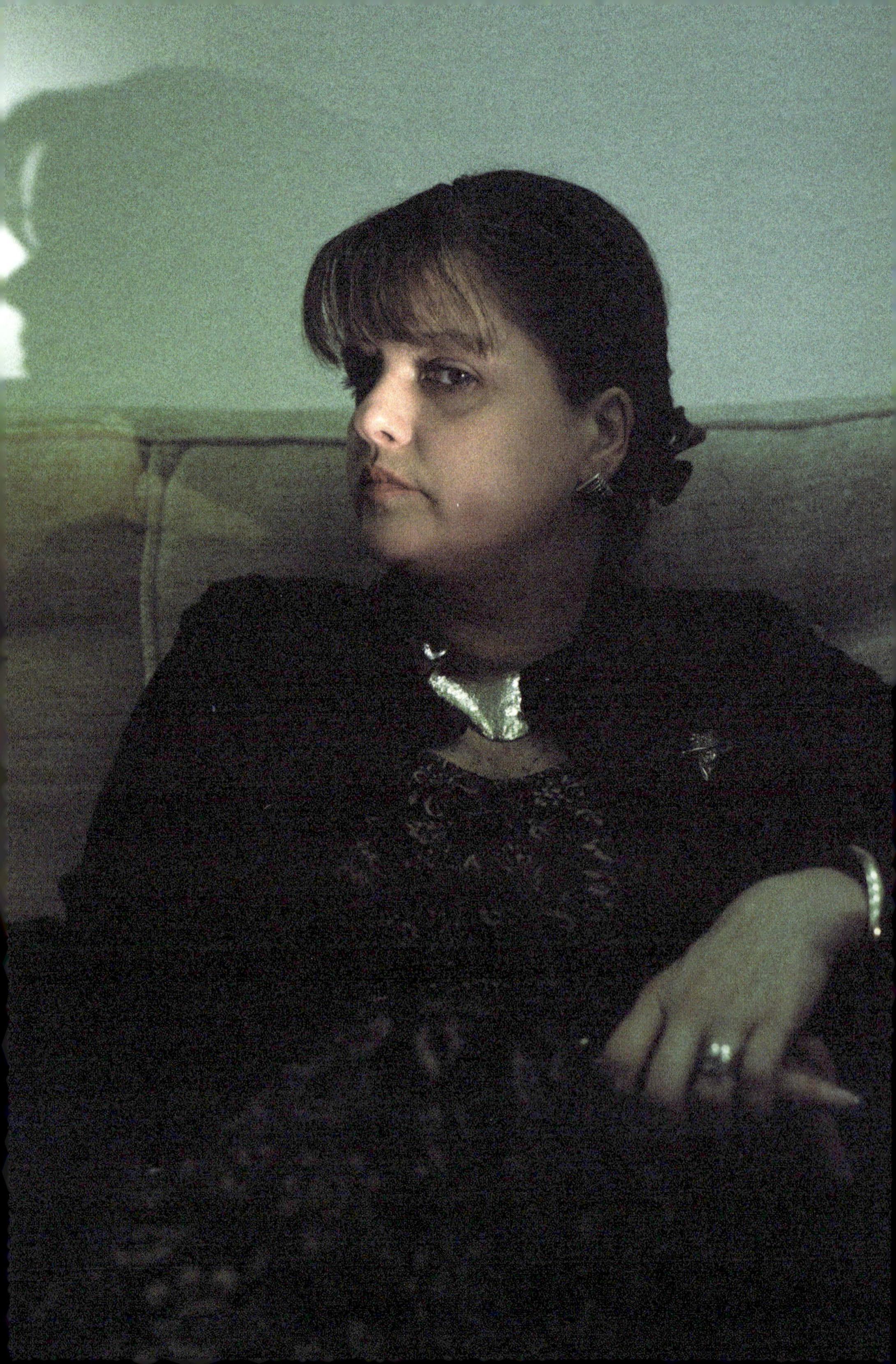

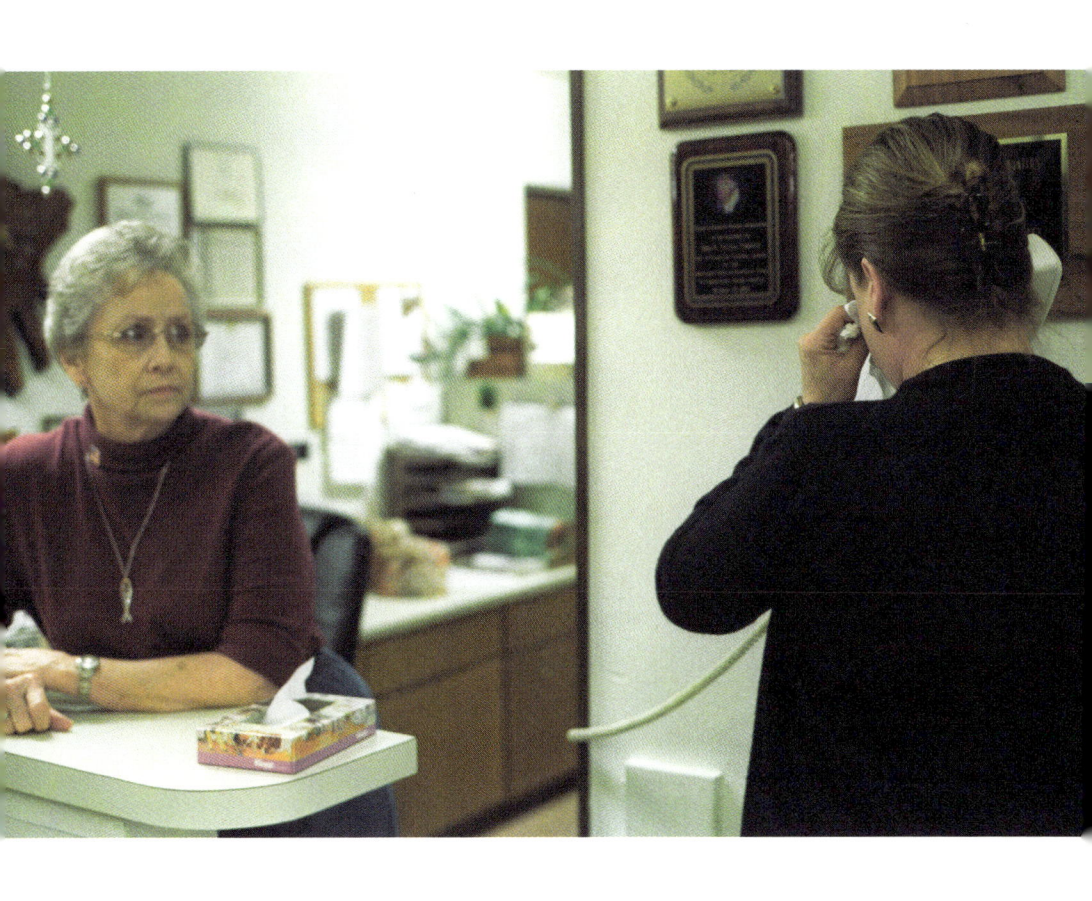

26. März, 17.00 Uhr Noch eine
Stunde bis zur Exekution.
Tina darf ein letztes Mal mit
James telefonieren. Sie sagt ihm,
dass sie ihn liebt.

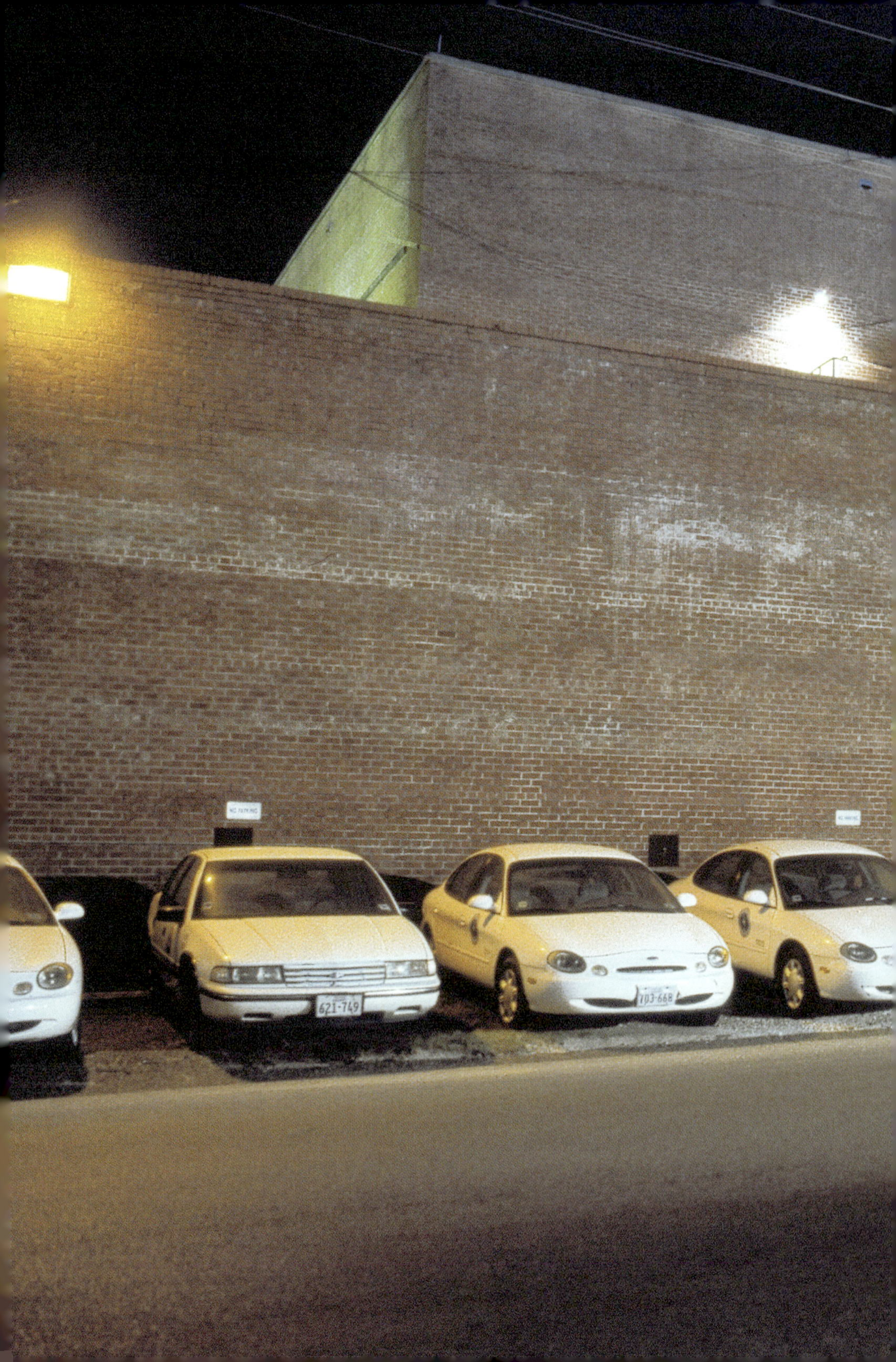
621-749

26. März, 18.21 Uhr James stirbt in «The Walls Unit» im Alter von 43 Jahren und 26 Tagen. Seine letzten Worte sind: «None of this should have happened and now that I'm dying there is nothing left to worry about. I know it was a mistake. I have no one to blame but myself.»

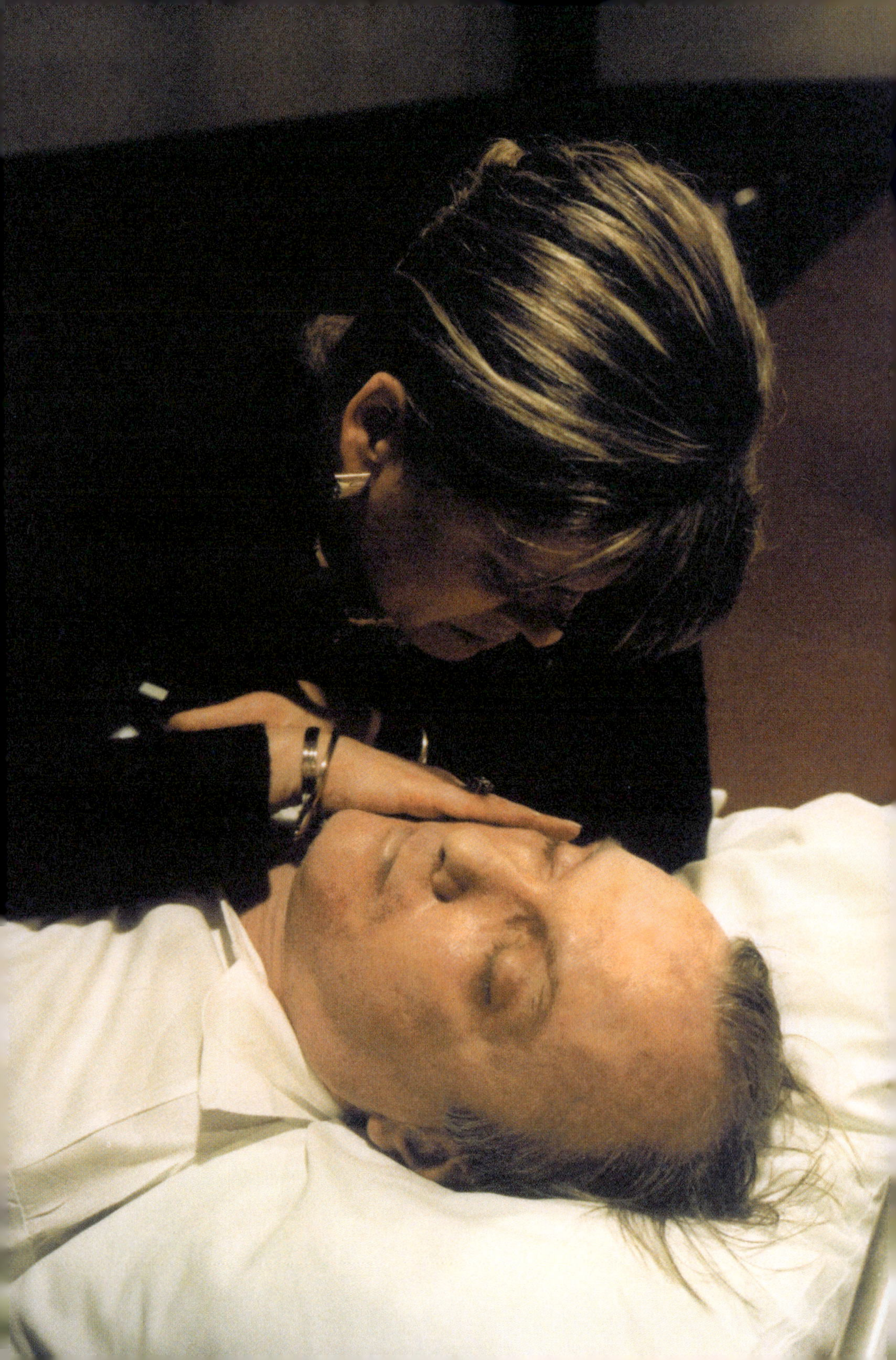

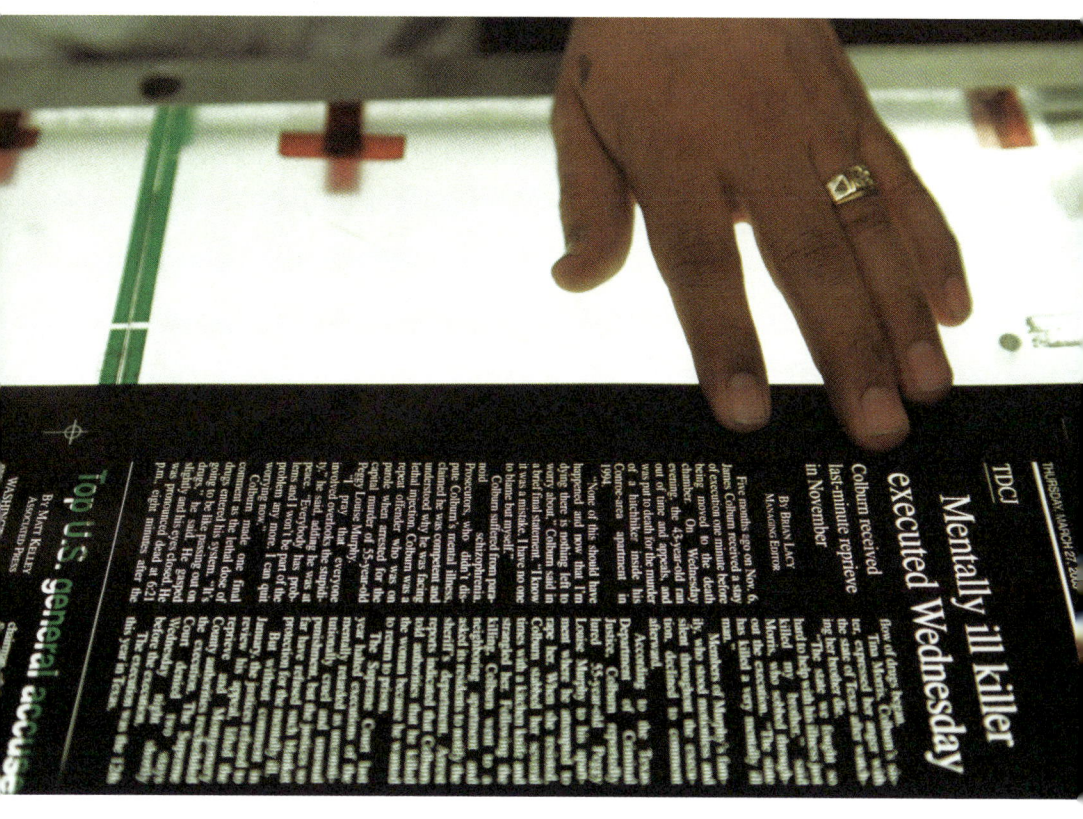

27. März, 03.00 Uhr Die lokale Zeitung «The Huntsville Item» druckt die Meldung über die Hinrichtung von James Colburn auf Seite 3A.

26. März, 19.00 Uhr Erstmals seit zehn Jahren darf Tina ihren Bruder berühren. Die Injektion von 15 Kubikzentimetern Kaliumchlorid brachte sein Herz zum Stillstand. Im texanischen Todestrakt ist Besuchern der Körperkontakt zu ihren Angehörigen untersagt.

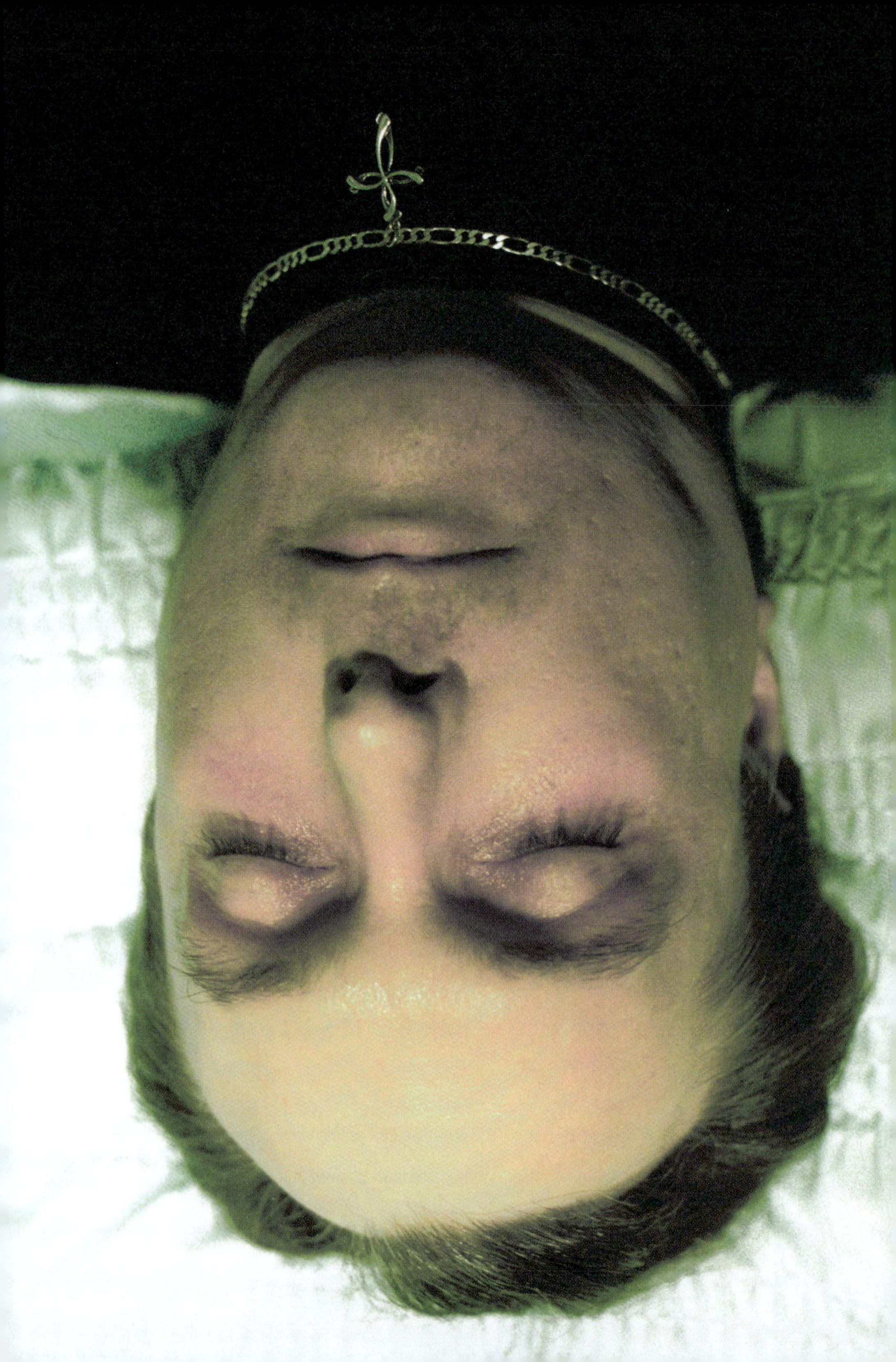

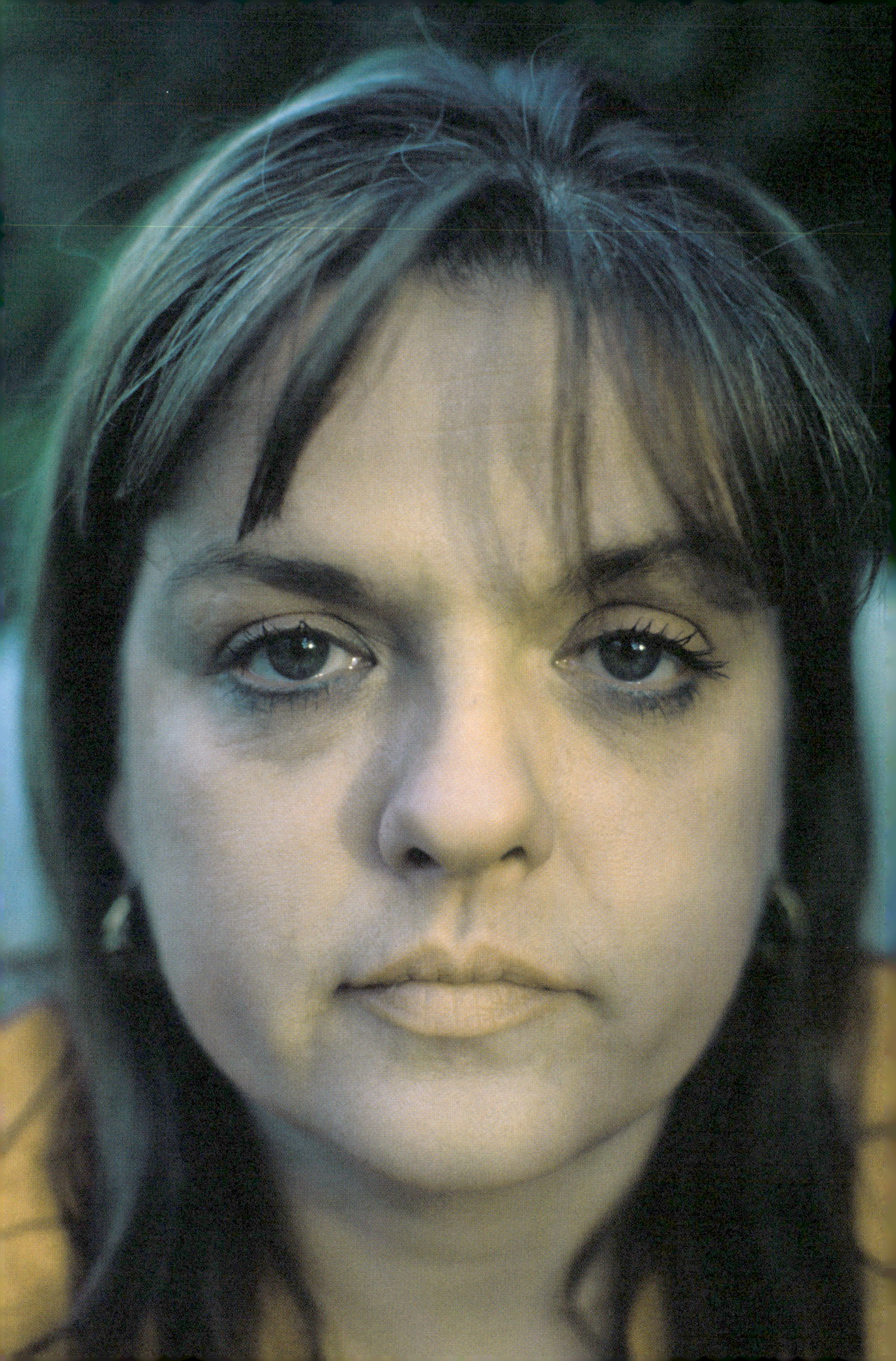

Name: James Blake Colburn   D.R. # 999169

DOB: 2 / 29 / 60   Received: 11 / 1 / 95   Age: 35 (when rec'd)

County: Montgomery   Date of offense: 6 / 26 / 94

Age at time of offense: 34   Race: white   Height: 5-6

Weight: 141   Eyes: hazel   Hair: blue

Native County: Harris   State: Texas

Prior Occupation: laborer   Education level: 9 yrs.

Prior prison record:
TDCJ #305631, rec. 6/3/80, Harris Co., 18 yrs., Agg. Robbery w/deadly wpn., burglary of bldg. WICT, arson, paroled to Harris Co. 1/12/87. Ret'd as PV from Montgomery Co. 4/27/90 w/concurrent 5-year sentence for arson, released to U.S. Marshall 3/11/91, ret'd as PV w/o new charges 7/3/95, later processed as death row inmate.

Summary: Convicted in the murder of 55-year-old Peggy Murphy. Colburn reportedly lured Murphy to his apartment where he attempted to rape her. When she resisted, Colburn stabbed her several times with a kitchen knife and strangled her. Following the killing, Colburn went to a neighboring apartment and asked its residents to notify the sheriff's department. Arrest records indicate that Colburn told authorities that he killed the woman because he wanted to return to prison.

Co-Defendants: None

Race of Victim(s): white female

Quelle: www.tdcj.state.tx.us/stat/ executedoffenders.htm

Iren Baumann, *1939 in Cobham, England. Lebt als Lyrikerin in Zürich. Letzte Buchveröffentlichung: «Die vorgewärmten Schuhe», Edition Klaus Isele 2000.

Iren Baumann

Irrtum

Wohnt hier eine Frau Insonnia frag ich
die Wirtin und deute auf den Garten
mit dem Pfauentor und der Gondel aus Granit
aus welcher die Häupter eines
in Stein gehauenen Paars
hervorragen

Nein – antwortet sie – auf ein anderes Haus weisend
das mit dem Dach aus den Bäumen blinzelt
neugierig mustert es mich –
ich schaue zum falschen zurück wo oft
eine kleine runde Frau
Wäsche aufgehängt hat

Der Gast

Stumm saß sie da als
das Unfassliche eintrat
in Gestalt jenes Herrn Insonnia
den sie aus Büchern kannte
und der angewiesen wurde
neben ihr Platz zu nehmen

In einer wahren Selbstüberwindung
machte sie den Mund auf
stammelte ein paar Sätze
auf dem Heimweg schüttelte es sie
am ganzen Körper die Auswirkungen gerieten
außer Kontrolle

Hätte das Vorkommnis auf einem
brutalen Gewaltakt beruht hätte sich da
jemand umgedreht
einen fragenden Blick erhoben
oder – ihr zugeneigt
Blut abgetupft?

Tropfen rennen die Scheibe lang
rennen in die Apotheke
besorgen ein Mittel gegen Untauglichkeit
dieweil die Pferde
an gefrorenen Bächen
in grünen Filzmänteln weiden

Rendezvous

Inzwischen hab ich Herrn Insonnia
näher kennen gelernt wir sind
eine Art Freunde geworden

Haben Sie heute Abend Zeit?
fragt er und ich frage mich:
habe ich Zeit

will ich Zeit haben
und wenn ja wozu will er
meine Zeit beanspruchen?

Er trägt ein Apparätchen an der Brust
falls er von Feuerwehr oder Ambulanz
plötzlich gebraucht würde

legt es behutsam aufs Kissen
ich weiß nicht was ich dazu sagen soll
schlüpfe in Leibchen und Strümpfe

die ich über die Stuhlkante gehängt hatte
und geleite ihn zuverlässig
zum Hinterausgang in den Hof

Eingeschlossen

In meinem Hüttchen die Skorpione
reagieren verängstigt
auf den Trick mit dem Glas
schielen unauffällig
nach einem Spalt

Ich möchte dem Gärtner zurufen
die Pflanze zu schneiden die mich
in Dunkelheit hüllt wo eh schon
Düsternis sich ausbreitet
doch Herr Insonnia

will keinen Gärtner
er schätzt die Dunkelheit er begegnet
den Laternen um meinen Wohnsitz
mit Ärger – die Fledermäuse lieben sie
haben sie zum Mittelpunkt ihres

Unternehmens gewählt! sag ich
Das stimmt – sagt Herr Insonnia
Fledermäuse bestätigen
die gute Seite
von Beleuchtungen

Dieter Zwicky, *1957, lebt und arbeitet in Zürich und Frauenfeld. Letzte Veröffentlichung: «Der Schwan, die Ratte in mir», bilgerverlag, Zürich 2002. Die vorliegenden Texte gehören zur noch unveröffentlichten Textsammlung «Der gelbe Palazzo».

Dieter Zwicky

Immer knapper

Auf dem Mauerrand, im Steinmehl, ein toter Sperling. Starker Wind. Dahinter, wie durch Rauch, ein hoher, aber dennoch gedrungen wirkender Campanile.

Dieses Bild hat alle Geduld der Welt; wie ein altes Haus, das bestens warten kann; der Farbanstrich, die Tapete; die Katze, die das Haus längst zur Höhle hat, durch die sie frühabends streift, um hinaus in die Dämmerung zu gelangen.

Also kann man den Sperling entfernen. Steinmehl, die brennende Sonne, Rebstöcke, welche bisweilen zischen: nirgends mehr ein Detail.

Farnbüschel

Das Abseits. Wohin man verduftet wäre. Der eigentliche Ort, das Abseits, Ausgangspunkt erhoffter Leichtigkeit, Veränderung spielend zu behaupten. Im Abseits wäre die schlagende Veränderung zu sehen, zu beobachten, zu beschreiben, ja annähernd zu leben.

Es, das Abseits, ist von Gegebenem durch die Erfindung strikte getrennt. Man muss sich vollständig hinausgedacht haben, um zu entdecken, was einem lieb wäre.

Vielleicht legt man sich unter eine Steinplatte und wartet nächtelang auf das Nachlassen der Normalität. Oder man verbeißt sich voller Trotz und Mut in die Behauptung, dass Affen lachen und die fröhlichsten Wesen sind, sofern es einem nur genug danach ist.

Widerspruch und Anfeindung als Schamgrenze begreifen, die zu übertreten ist, möglicherweise mithilfe von Farnbüscheln, welche, in den Wind hochgereckt, rauschten, als sei hiermit das Rauschen eben erfunden worden, das aus dem Zusammenhang gerissene Rauschen, das entkoppelte Rauschen, das den Affen, der lacht, ankündigt, begleitet, erwartet, womöglich bedeutet, wer weiß.

Weit mehr als bisher in Affennähe geraten können. Das Abseits müsste so grundlegend herrschen, dass erst die tierische Verirrung jenen Sprung glaubhaft verträte, welcher notwendig ist, um die eigene Seele durch wirkliche Veränderung zu ergänzen und zu füllen mit dem Allerliebsten.

Viel Arbeit

Die drei Lärchen über meinem (linken) Kopf wirken, als hätten sie wieder einmal etwas Bestätigung nötig. Ich lache sie, in der Folge, tüchtig nach hinten aus. Immerhin ist vor mir ein üppiges Drahtgeflecht, welches ich lediglich unter ein paar wenigen Umständen mehr als bloß touchieren möchte. Mein Wille ist ohnehin ein hemdsärmeliger, unerfahrener Junge. Er gehört, übersetze ich seine fahrigen Äußerungen korrekt, mehrere Male geohrfeigt. So muss ich mir also Schmerzen einhandeln, so muss ich also ein kleines Fest für die drei Lärchen abgeben.

Dies zum Gleichgewicht zwischen diesem Baumbestand und mir. Dieses stellt sich ja nicht von selbst ein. Man kann irgendwo stehen bleiben, und sogleich ist eine respektable Menge zu erledigen. Schnecken, ein geschürfter Ast, eine freigelegte Strauchwurzel, halbrohe, halbfertige Beziehungen, eigenartig geölt wirkende Stimmen, welche leicht eindringen zum wiederholten Mal aus der unverlässlichen Erinnerung, nun aufgeschreckt, ja gehetzt durchs Halblicht dieser Baumstelle.

Nicht gleichgültig

Den Vertrag unter einer Fünfergruppe segelnder Dohlen äußerlich abgeschlossen; die Bergwelt war stärker.

Dana Grigorcea, *1979 in Bukarest, wohnt in Krems (A). Dolmetscherin, Journalistin, Produzentin der Radiosendung «Kinoszene», Deutsche Welle.

Dana Grigorcea

Bukarest

außerdem

Zwei Jungen lehnen sich aneinander, Wange an Wange, mit offenen Armen, die rechte Hand in der linken des anderen, die linke Hand in der rechten, und betrachten einander aus den Augenwinkeln. Ab und zu bewegt noch der eine einen Finger auf der Handfläche des anderen.

Sie befinden sich in einem Lastwagen und transportieren eine Fensterscheibe.

Auf der Kiseleff-Chaussee kann der Wagen beschleunigen, wobei die Fensterscheibe unter den verschwitzten Händen der zwei Jungen knirscht, anläuft und schließlich zu einem Spiegel des rötlichen Sonnenlichts und der Baumschatten wird. Schon vor dem Antipa-Museum erkennt man nur noch das rote Bord des Lastwagens, der Rest ist Lichtspiegelung.

Der Wagen biegt rechts ab, hinter den Wohnblocks. Auf einmal erscheint vorne ein großer grüner REBU-Wagen, die Hinterschaufel voll Zigeunerinnen mit farbigen Röcken und wehenden Zöpfen. Es ertönt das Lied «Balerină cu talent/mi-ai rupt inima din piept»[1]. Als sie am Auto mit den zwei Jungen vorbeifahren, jauchzen alle Zigeunerinnen auf und winken mit ihren Händen und Schals. Eine alte Zigeunerin spuckt Rotz auf die Fensterscheibe, noch bevor diese hinter einem Wohnblock verschwindet.

Von hinter den Wohnblocks erscheinen mehrere Menschenreihen, die in die U-Bahnöffnung abfließen. Sie steigen hinunter, tiefer und tiefer. Klapp, klapp, klapp, alle in dieselbe Richtung. Nur ein Alter mit roter Coca-Cola-Kappe drängt sich in entgegengesetzter Richtung durch, während er zwei Säcke über alle Häupter gehoben hält. Der Alte singt begeistert: «Și-l tot duci și-l ocolești / Și-l dai jos la București / Mărioara lui nenicu/ Măi măi»[2].

Weit unten augenschmerzendes Neonlicht. Es kommt eine weichselrote U-Bahn. Sobald die Türen öffnen, drängen sich die Menschen durch die Einstiege. Die Türen schließen, und durch die Fenster kann man nur noch zerdrückte Kleider erkennen, eines mit grünen Blumen – Imprimé – und jeweils eine gegen das Fenster gepresste Hand. Die weichselrote U-Bahn verschwindet in einem finstern Tunnel.

Stille. Dunkel. Man hört ein Plätschern. Die Stimme einer Alten: – Virgil, Liebling, mache bitte das Licht an!
Die Stimme eines Alten (zögernd): – Und was, wenn es einen Kurzschluss macht?
Sie (autoritär): – Mache du erst das Licht an, und dann werden wir sehen, ob es einen Kurzschluss macht oder nicht!
Es wird Licht und es erscheinen die Gestalten zweier Alten mit den Füßen im Wasser. Paff!, das Licht geht aus.
Sie (voller Bewunderung): – Immer hast du Recht!
Er (unsicher): – Und nun?
Sie: – Nun hol die Taschenlampe herbei!
Er: – Ich hab sie hier!
Sie (aufgeregt): – Dann mach sie endlich an!
Ein Lichtspot irrt in dem kleinen Kellerzimmer über durcheinander aufgelagerte Pakete. Letzten Endes bleibt er im Wasser stehen. Aus dem Wasser kommt ein knöchriges altes Bein hervor und streckt eine Zehen aus.
Sie (kichernd): – Virgil, na so was: ohne Hausschuhe! Wehe, wenn dich Mütterchen gesehen hätte!
Er (angeheitert): – Du hast also Hausschuhe?
Aus dem Wasser kommt ein kleiner, orangener Hausschuh hervor. Sie lachen. Man hört das Schmatzen eines langen Kusses.

Der Asphalt wird mit einem Platsch Wasser begossen. Ein Eimer. Zwei Eimer.
Die Stimme einer jungen Raucherin: – Mensch, bist du verrückt?
Eine Frau mit weißer Schürze nimmt hastig ihre Bretzelkisten und setzt sie näher an den U-Bahneingang des Vereinigungsmarktes.
Die Zigeunerin: – Was bist du immer besessen!
Sie verschwindet hinter der Blumenbude, von wo sie die andere anfährt: – Hast du sonst keinen anderen Platz gefunden, Teufel? Komm, verschwinde von hier!
Ein mageres Zigeunermädchen läuft erschrocken davon. Sie stolpert über die U-Bahntreppe und fällt auf den Boden. Von unten erblickt sie zwei dicke Beine in kurzen Hosen. Der kleine Junge der Brezelverkäuferin blickt grimmig auf sie herab. Das Zigeunermädchen steht auf, läuft davon und schreit mit schriller Stimme: – Aaaaaaaa aaaaaaa …

Der Junge blickt ihr einen Augenblick verblüfft nach. Dann aber läuft er weg, um das Mädchen zu verfolgen: – Wau, wau, wau …

Möwengeschrei. Fliegenperspektive. Auf einem Baugelände stehen farbige Schirme. Die Perspektive steigt ab. Unter den Schirmen Frauen hinter runden Plastik-Gartentischen, je eine Schreibmaschine vor sich. An den Schirmen befestigt, die Aufschriften:

Krankenversicherungen

Wagenversicherungen

Karteizettel Fahrscheine

Löschungen

Andere Urkunden

Im Schatten jedes Schirmes eine Flasche Frischtrank. Stille. Die meisten Frauen lehnen sich auf ihre Ellenbogen und haben einen starren Blick. Eine junge Frau, mit Schmetterlingen in ihren Haaren, pinselt sich Nagellack auf und singt vor sich hin: «Liberă la mare/Stau cu tine la soare»[3]. Sie stoppt und schaut in die Sonne. Etwas schlägt die Luft. Man hört ein nasales «Küss-die-Hand!!!» durch einen Lautsprecher und ein Hubschrauber fliegt vorbei.

– Vatiii, bitte schließ die Tüüür! – eine weinerliche Kinderstimme, die man wegen des Rotorengeräusches kaum noch hört. Ein Kind sitzt zusammengekauert in einer wankenden Ecke des Hubschraubers. Ein Mann mit Faustkämpfermiene und einem Lautsprecher in der Hand dreht sich zu ihm um und lacht. (Das Lachen hört man aber wegen des Rotorengeräusches nicht.) Danach dreht er sich wieder gegen die offene Tür und ruft durch den Lautsprecher hinaus: – Ich darf nie eine Tür schließen! Ich halte alle Türen offen! Niemand soll je sagen, Djicu ist kleinlich!

Er dreht sich zum Kind um, voller Eifer und Glück. Spricht weiter durch den Lautsprecher: – Vlad, Junge, lass deine Angst und komm hierher, dein Land zu sehen, wie schön es ist!

Er winkt dem Jungen in der Ecke ermutigend zu. Ruft dann zum Piloten: – Naeee! Du armes Schwein, pass auf mit deinem Steuer! Wenn du meinem Jungen Angst machst, werf ich dich den Hunden vor!

Sanftmütig dem Kind entgegen: – Komm, Junge … langsam … Glaubst du, Stefan der Große und die anderen hatten keine Angst? Sie machten sich in die Hosen vor Angst! Aber sie haben alles gewagt! Wie dein Vater! Nur so schaffst du etwas im Leben! Komm … langsam …

Das Kind erhebt sich unsicher und streckt dem Mann seine kleine Hand entgegen, die dieser packt und langsam zur Tür zieht. Sie blicken nach unten.

Eine nasale Stimme kündigt an, dass wegen einiger Arbeiten an der U-Bahnlinie die U-Bahn von der entgegengesetzten Linie genommen werden muss und an der folgenden Station ausgewechselt. Akkordeonlied. Die Türen öffnen sich und Menschen fallen in Haufen nach draußen. Sie drängen sich durch die U-Bahngänge, die Treppen hinauf, die Treppen wieder hinunter und dann zur entgegengesetzten Linie. Stampfen und Ausrufe. Von Zeit zu Zeit der verstimmte Lufthauch eines zusammengeschobenen Akkordeons.

Auf einmal geht das Licht aus. Ruhe. Einige Pfiffe. Ein hysterisches Frauenlachen. Ein Scheinwerferlicht.

– Ist o.k. so?, eine Männerstimme.

– Nein, das andere Licht war besser! Wirkt natürlicher!, sagt eine andere Männerstimme.

Das Licht wird wieder aufgedreht. Im Scheinwerferlicht erscheint eine zierliche Blonde mit einem Mikrofon in der Hand:

– On air? Ghm! Ja, wir senden von der Matei-Basarab-Station, wo wegen … Stopp! Noch einmal!

(zum Kameramann) – Die drängen mich von hinten!

– Hallooo, Menscheeen…, drängt euch nicht mehr so!, sagt eine Männerstimme.

Die blonde Reporterin schaut auf einige Blätter hinab und beginnt: – Wir senden von der Matei-Basarab-Station, wo die alte Fahrstrecke nach Dristor2 einige bauliche Veränderungen erfährt.

Männer stehen hinter der Blonden und schauen mit grimmigen Blicken direkt in die Kamera. Kinder kichern und einige von ihnen springen ins Scheinwerferlicht und winken. Einige Frauen gelangen nicht in den Sichtbereich der Kamera, dafür aber sprechen sie laut, um gehört zu werden: – So geht es nicht mehr! – Wir haben Kinder! – Alles wird so teuer!

Ein grimmiger Mann greift ein: – Sssssssssssst! Ruhe da!

Ein anderer Mann des Sendeteams macht verzweifelte Zeichen mit seinen Händen. Die Reporterin spricht immer noch: – Metrorexverantwortliche[4] sagen, dass die Arbeiten in höchstens einer Woche … Aber die Männer im Hintergrund blicken nicht mehr zur Kamera, sondern schauen alle neugierig nach rechts. Sie verstehen endlich, was der Mann vom Sendeteam will: – Waas? Aaa, Kette! Und geben Sie sich einander die Hand.

– Ruhig dort! Man filmt!

Unterdrückte Lachtöne. Diese ganze Zeit spricht die Reporterin professionell, kaltblütig.

Ein Mann: – Hi, hi! Zuckerl!

Ein anderer (böse): – Ja, pass auf!

Ansteckendes Gelächter.

Ein Junge: – Hai să dăm mână cu mână[5]…

Es wird aufgenommen: – cei cu inima română… (die Männer, die hinter der Reporterin stehen, heben ihre vereinigten Hände hoch und versuchen Kreistanzschritte).

Dana Grigorcea

Es dehnt sich aus: – să-nvârtim hora-nfrăţirii... – So! So! (die Frauen treten auch dazu) – pe pământul Roo...

Alle tanzen. Die Kinder springen herum. Ein aufgeregter Alter: – Oh Gott, eine echte Demonstration!

Akkordeonbegleitung.

Das Sendeteam versucht, aus der Menschenmasse herauszukommen. Die blonde Reporterin bricht in Tränen aus und der Kameramann tröstet sie: – Macht nichts, wir machen etwas andres!

Eine Alte schenkt ihr einen grünen Luftballon und lacht mit ihrem zahnlosen Mund.

Keuchend, eine entstellte Männerstimme: – Fetiţele din Bucureşti [6]... hmmm ... mmm ... Liiebliiiing!

Eine alte Frau mit großem Hintern steigt mit großer Mühe die Treppen hinauf. Sie dreht sich um, und es erscheint das Bild einer nackten Jungfrau. Die Stimme der alten Frau hinter dem Bild: – Jaa, Virgilchen?

Der Alte: – Bringen wir auch noch die Mohnblumengemälde?

Sie: – Nein Liebling, nur das Mädchen und die Steinbrücken von Bukarest.

Die Alte steigt weiterhin mit großer Mühe die Treppen hinauf. Man hört den stolpernden Tritt des Alten, der mit einem großen Schwarz-Weiß-Bild ebenfalls hinaufsteigt: – Calea Victoriei [7] 1900. Die Alte, die jetzt befriedigt wieder hinuntersteigt, stoppt und setzt ihren Zeigefinger fest auf das vorbeigehende Bild (wobei der Alte einigermaßen sein Gleichgewicht verliert): – Haa! Hier war das Geschäft von Rudolf Mosse!

Ein anderes Riesenbild steigt empor: – Calea Victoriei. Der Alte, der jetzt wieder nach unten steigt und sich seinen Rücken reibt, bleibt stehen und platscht seine Hand gegen das Bild (wobei auch die Alte einigermaßen ihr Gleichgewicht verliert): – Und hier war der Grammofonladen Vox!

Die Alte hüpft plötzlich leicht die Treppen hinauf und ruft hinter sich her: – Und über dem Laden war Doina!

Der Alte, hinabsteigend: – Gegenüber dem Theater!

Die Alte, über die Brüstung: – Und gegenüber dem Theater war noch das Hotel Majestic!

Sie lacht siegreich.

Springbrunnenkettensicht nach dem Haus des Volkes. Unter einem Baum auf dem Vereinigungsmarkt steht ein Kind in kurzen Hosen und bellt. Ab und zu bewegt sich auch der Baum. Etwas weiter rechts steht eine Blumenbude, hinter der sich eine Zigeunerin mit einem großen Blumenstrauß beschäftigt: – Soll es auch Krepppapier haben?

Ein junger Mann mit verschwitztem Pony: – Ja.

Die Zigeunerin (mit dem Rücken zu uns): – Rot?

Der junge Mann (eingeschüchtert): – Ja …
Die Zigeunerin dreht sich mit angeekeltem Blick um und konzentriert sich weiter auf den Blumenstrauß.

– Bist du Christian?, fragt eine junge Frau mit Schmetterlingen in ihren Haaren.
Der junge Mann: – Ja. Salomé, bist du das?
Die junge Frau (lacht): – Ja.
Die Zigeunerin reicht der jungen Frau den Strauß süß lächelnd: – Bitteschön, Blümchen!, und richtet danach ihren Blick streng auf den jungen Mann: – Mein erster Preis!
Der Mann errötet und bezahlt.
Die junge Frau (lacht): – Bist du Student?
Er (eingeschüchtert): – Ich arbeite trotzdem!
Sie (kühn): – Ich auch! Bei einer Versicherungsgesellschaft!
Er (spontan): – Bei Nederlanden?
Sie (lacht): – Beinahe!

An der Tür des Hubschraubers. Der Mann mit Faustkämpfermiene spricht am Handy durch seinen Lautsprecher: – Jimmy, alte Keule, ich bin im Hubschrauber … ich hör dich nicht, aber du hörst mich sicher … haha … hör zu: Du hast nicht so viel Kohle, dass du mein Fußballteam kaufen kannst … jaja … weil für meine Spieler kommen auch die Großen aus Spanien und Italien, und ich sag ihnen, wenn sie nicht sympathisch sind, «verpisst euch» (angeheitert) haha, «verpisst euch», sag ich ihnen, denn ich geb nur denen, die ich will, dass sie die große Mannschaft machen! Und nun Ciao, ich muss noch einen Fußball werfen!
Schließt sein Handy begeistert. Mit dem Lautsprecher in der Hand entzückt seinem Kind entgegen, das wieder in seiner Ecke zusammengekauert sitzt: – Vlad, Kleiner, komm das Feld sehen, das dein Vater für dich gebaut hat!
Das Kind steht langsam auf und nähert sich der Tür mit kleinen Schritten. Es blickt dann vorsichtig nach unten.
Für einen Augenblick schauen sowohl Vater als auch Sohn aufmerksam nach unten. Der Mann sagt ihm etwas, man hört nicht was, küsst ihn auf seine Stirn, dreht sich dann ein bisschen um und holt einen Fußball aus einem roten Rucksack heraus. Er zögert.
Der Hubschrauber schlägt die Luft über einem Fußballfeld. Im Hintergrund hört man aufgebrachte Fans: Oléééééé, olé-olé-oléééééééé…
Der Mann nimmt gerührt den Lautsprecher auf und schreit: – Aus! Ruhe!
Die Olé-oléés brechen verlegen ab.
Der Mann spricht aufgeregt in den Lautsprecher: – Ileana, ich will dir sagen, dass ich dich liebe!

[Ruhe]
[Ruhe]
[Ruhe]
Und immer, wenn du ein Problem hast ... alles, was du hast ... – im Guten und im Bösen – so wie es uns der Priester sagte (gewinnt an Vertrauen), dein ganzes Leben (entschiedener), wir werden einer für den anderen da sein! (atmet erhitzt ein und aus). Und wenn meine Schwiegermutter kommt und mir sagt, dass ich dich unglücklich gemacht habe ... ich warte, dass du in Person kommst und mir sagst, dass wir alles miteinander regeln. (Wischt seinen Schweiß weg): Denn für mich wirst du immer meine einzige Liebe sein (bricht in Tränen aus und kann nur noch schwer fortfahren): Und hier ist unser kleiner Vlad, unser Kind, und er wird eine Seite aus deinem Tagebuch vorlesen, das ich gefunden habe und immer bei mir habe ... (weint) ... immer ... was auch ... (wischt seine Tränen ab und holt aus seiner Brusttasche ein kleines Heft): – Komm mein Kind, lies vor!

Das Kind, das sich wieder hingesetzt hat, nimmt brav das Heft und den Lautsprecher und beginnt langsam und eintönig vorzulesen. Im Hintergrund nur das dumpfe Rotorengeräusch.

Hubschrauberflügelschatten in Zeitlupe.

«Wie soll ich noch an die heilige Einigkeit glauben? Wie kann ich noch glauben, dass Tristan und Isolde einander geliebt haben und ihre Liebe nicht ein selbstsüchtiges Trugbild, ein hirngespinstiges Ziel, ein starrsinniges Flimmern in einer furchtbaren Ferne im kosmischen Raum war? Alles nur Selbsttäuschung! Wie soll ich noch daran glauben, wenn ich meine Ewigkeit kochend fließen höre, wenn ich meinen Atem gereizt sausen fühle und ich weit weg fliegen möchte, bis ich nichts mehr hören kann; ich will dort oben fliegen, wo die Erdkugel nur noch ein armseliges Insekt ist, und mich von dort fallen lassen, angstvoll, dass ich die widerlichen Käfer zerquetschen werde, die Steine ersticken, die Pappelspitzen, dass die Lava ihr Gekröse in das Wasser kotzt und die Vögel ertrinken werden. Ich will mich fallen lassen, bis ich diese gebrechlich-fantastische Wirklichkeit nur noch bedauern werde und mich dann noch ein bisschen sacht schweben lassen, noch ein bisschen, bevor ich mich an den Bergen zerschmettere und mich über alle Wälder verteile, über alle Hügel und Höhlen, die ich mir eingebildet habe.»

Ruhe. Nur noch das dumpfe Geräusch der Rotoren. Der Mann weint schluchzend und jammert von Zeit zu Zeit: – Ileana, ich liebe dich ... ohne dich werde ich sterben ...

Das Kind greift zart nach dem Fußball und rollt ihn nach draußen. Danach kriecht er vorsichtig zur Tür und schaut neugierig nach unten.

Abend. Gelbes Licht aus den Fenstern eines Hochhauses. Auf einem Balkon, aus einer blauen Rauchwolke heraus, ruft ein halb nackter Mann mit einer Gabel winkend: – Schäääääääääääääätzcheeen!!! Schäääääääätzcheeen!!! Der Braten ist fertig!

Ein Alter mit roter Coca-Cola-Kappe ruft von einem Fenster in der Nähe: – Sie fragt, wo die Tomaten sind, die ich gebracht habe!

Ein Stockwerk höher – in einem kleinen Wohnzimmer – befindet sich das Gemälde einer nackten Jungfrau. Das Mädchen und die Steinbrücken von Bukarest. Neben dem Gemälde steht ein schmales Sofa. Auf ihm ein altes Ehepaar mit aufgesetzten Brillen vor dem Fernseher. Schwanensee. In den Brillengläsern der alten Frau springt der weiße Schwan im Spagat und landet sanft auf den Fußspitzen. In den Brillengläsern des alten, eingeschlafenen Mannes, dessen Kopf ein bisschen nach hinten gerutscht ist, sieht man nur die Lampe.

Ein Stockwerk höher, durch ein Fenster ohne Fensterscheibe, sieht man eine Frau mit grünem Blumen-Imprimé-Kleid, die einer jungen Frau mit Schmetterlingen im Haar Karten legt. Der Fernseher ist an. Über dem Fernseher, etwas schräg angelehnt, eine Fensterscheibe, durch die man verschwommene Farbbewegungen erkennen kann. Metrorexverantwortliche sagen, dass die Arbeiten in höchstens einer Woche beendet sein werden; danach wird die U-Bahn wie zuvor fahren … Wir danken unserer Reporterin! Und gleich, nach einer kurzen Pause, kommen die Sportnachrichten …

Nacht. Hochhausschatten. Grillen.

1 «Ballerina mit Talent/Du hast mein Herz durchbohrt …» – Zigeunerlied
2 «Und führst ihn und verwirrst ihn/Und setzt ihn in Bukarest aus/Oh je, oh je …» – Volkslied über den Zug
3 «Frei ans Meer/Ich liege mit dir in die Sonne …» – Hit des Sommers 2002
4 Metrorex – Rumänische U-Bahn-Gesellschaft
5 Vereinigungslied (Kreistanz): «Lasst uns einander die Hände reichen/Wir mit rumänischem Herz/Lasst uns den Kreistanz drehen/Auf rumänischem Boden …»
6 «Die Mädchen aus Bukarest …» – bekannter Schlager aus der Zwischenkriegszeit
7 Siegstraße – Bukarester Hauptstraße

Die Fliege

Eine Küche auf dem Land in Rumänien. Schief, eng, Boden aus Lehm, Schüsseln aus Blech an allen Wänden. Auf den Herdplatten verbrennen Auberginen. Daneben – zwei Frauen, barfuß und mit Kopftuch. Die kleine, dürre Frau schaut böse in ein Wasserbecken, wo sie die verbrannten Auberginen schält. Die große, dicke Frau hängt Fliegenbänder an die Decke. Sie ist ganz durchgeschwitzt und spricht ununterbrochen:
– und ich sags Ihnen – ich habe die ganze Nacht kein Auge zugetan, denn er hat immer geschrieen: «Ich sterbe, ich sterbe», und er hatte violette Lippen, und sein Kopf ist hin und her gefallen wie bei den Puppen ... und er hat geschrieen «nimm mich nicht, nimm mich nicht» ... und er hat gesagt, es komme ein Mann mit Bart und schwarzem T-Shirt und ziehe ihn herab.
Die kleine, dürre Frau schaut weiterhin böse auf die Auberginen im Wasserbecken.
– und es ist nicht vom Trinken, weil er nicht so chemische Sachen gekauft hat – es waren unsere eigenen Mirabellen. Und er hat nur ein bisschen getrunken, zu Vatis Geburtstag. Oh weh, aber diese Bänder fangen nur die Asche von den Auberginen, denn die verfluchten Fliegen ... Gott vergib ...

In einem Dacia-Auto der Fahrschule. Bewegte Kamera. Man hört den lockeren Auspufftopf. Ein staubiger Weg führt über das Feld. Am Lenkrad – ein verkrampfter Junge mit Brille und eingedrückter Frisur. Neben ihm – der Lehrer, ein hektischer Zigeuner.
Eine Fliege setzt sich auf das Lenkrad.
Der Lehrer schlägt auf das Lenkrad, wobei der Junge erschrickt und die Hände

vom Lenkrad nimmt. Der Lehrer schreit:
– Nimm nicht die Hände vom Lenkrad!
Der Junge legt eingeschüchtert seine Hände zurück auf das Lenkrad.
Der Lehrer: – Und bück dich nicht so in den Kurven! Du bist nicht auf dem Motorrad! Und was biegst du so um den toten Hund? Ist er etwa radioaktiv?
Der Lehrer versucht aufgeregt, die Fliege zu fangen.
– Zum Teufel mit dieser Fliege. Komm, bieg hier rechts ab, durch dieses elende Dorf! Und gib Gas, denn wer will, wird sich schon von selbst hüten!
Sie fahren durch das Dorf. Auf der Windschutzscheibe sieht man vorbeiflatternde Licht- und Schattenpunkte von den Bäumen ... sie flattern immer schneller, der lockere Auspufftopf bebt, man hört Hühner gackern, Frauen schreien, Flüche ...
Der Lehrer, halb aus dem Fenster herausgeklettert, schreit zurück: – Ihr seid selber Hurensöhne, lahme Ochsen! Die Fahrbahn ist für Kraftfahrzeuge!
Nach dem Dorf kommen sie auf einen rüttelnden Weg. Der Lehrer steigt zurück ins Auto und sagt bewegt:
– Schau, hierher hab ich die süße Magda gebracht! Und wir saßen dort auf der grünen Wiese, schau dort, oh, so nahe ... du schau auf deine Fahrbahn, sieh, dass du gut fährst, ich werde schon alles beschreiben ... oh, Kind, schau dort war sie, auf der grünen Wiese ...

Grünes Gras, geschnitten in gleicher Höhe. Auf einem Fußballfeld steht die ganze Fußballmannschaft in Reih und Glied. Der Trainer spricht über jeden einzelnen Fußballspieler, von wo er kommt, wie viele Tore er geschossen hat, ob er Knieverletzungen hatte, oder Krämpfe ... Der Priester nickt mit Güte: – So so, Kinder! Und lässt seine rechte Hand von den Fußballspielern, an denen er vorbeigeht, küssen.
Als er am Ende der Reihe ankommt, fragt er den Trainer: – Jetzt gleich?
Der Trainer: – Wollen Sie nicht erst sehen ...?
Der Priester, höflich: – Doch, natürlich!
Der Trainer führt den Priester auf die Reservebank, lässt ihm ein Glas Wasser bringen und beginnt einen Aufwärm-Match. Der Priester holt sich ein Taschentuch und versucht gütig, eine Fliege zu vertreiben. Er schaut auf die Uhr.

Eine verrauchte Küche. Die kleine, dürre Frau wäscht sich verbrannte Auberginenschalen von den Händen in einem Wasserbecken. Sie schaut auf die Uhr. Die große, dicke Frau versucht, die klebenden Fliegenbänder von den Händen abzulösen und spricht ununterbrochen:
– ... denn ich habe geträumt, eine Nacht zuvor, er war gestorben und da war auch der Priester, Ihr Mann, und er hat uns gefragt: «Wo ist das Essen für den Toten?» und es waren da alle Kinder, und Ihr Sohn auch, und irgendwelche Verwandte aus dem Ausland ... es waren alle da – auch seine Geschwister und alle Nachbarn... und alle

weinten ... oh, wie sie alle weinten! Denn so schön ist es noch nie beim Toten gewesen! Und wir hatten so viel zu essen ... denn in dem Jahr hatten wir eine gute Ernte ... so viel Gutes ... alles nur für den Toten!

Auf dem Fußballfeld beräuchert der Priester die knienden Fußballspieler mit Weihrauch: – ... und ihr sollt das ganze Jahr hindurch nur gewinnen! Die Engel sollen euch über grüne Wiesen bis zum Tor begleiten! Ohne Knieverletzungen! Ohne Krämpfe! Ohne jegliche Kratzer! Sie sollen euch in höchster Geschwindigkeit zum richtigen Tor begleiten!
  Er dreht sich zum Trainer um: – Und dir, Miron, sollen sie große Arbeitskraft geben! Du sollst Willen haben, um auf das Teufelsgetränk zu verzichten. Und Frau Magda soll wieder Liebe und Vertrauen zu dir haben!
  Zufrieden: – So! Jetzt – Amin!
  Er will gehen. Der Trainer läuft ihm in Demut nach:
  – Herr Priester, Herr Priester: Und das Foto ...?
  Die Fußballspieler nehmen Aufstellung für das Foto, der Priester setzt sich in die Mitte. Es wird ihm ein Fußball gereicht.
  Der Fotograf kommt herbei. Kader: klick! Die Fußballspieler mit Fußballspielergesichtern. Der Priester mit dem Ball in seiner linken Hand. Mit der rechten vertreibt er gütig eine Fliege.

In der verrauchten Küche klopft die kleine, dürre Frau auf die Auberginen. Die große, dicke Frau versucht immer noch, die Fliegenbänder von ihren Händen loszubekommen, und immer noch spricht sie ununterbrochen:
  – ... und dann habe ich meiner Mutti gesagt: Mutti, was soll ich tun, es kommt mir keine Träne! – und meine Mutti: Ja Magda, schau auf den Boden, dann merkt es keiner! Aber sehen Sie – ich habe kaum Ihren Mann für die Totenmesse bezahlt, da kommt mein Mann wieder mit so elektrischen Kabeln. – Du, sage ich, oder bist du gestorben, oder bist du auferstanden!
  Sie kann endlich die Fliegenbänder von den Händen losbringen. Sie schlägt hart in die Töpfe, die auf dem Fußboden springen:
  – Verfluchte Fliegen, wann wollt ihr einmal sterben!
  Sie beruhigt sich plötzlich: – Gott vergib!
  Sie kommt zu sich: – Soll dieser Traum ein Zeichen sein? Es waren noch viele Zeichen ... Jedes Mal, wenn es ihm schlecht war, haben Vögel auf dem Dach gesungen ...
  Die kleine, dürre Frau hebt plötzlich ihren Kopf. Ihr Kopftuch fällt. Ihre Augen schauen groß und entsetzt.

Das Auto knattert, der Lehrer schreit:
  – Bremsen! Sofort bremseeen!

Das Auto wird beschleunigt.
Der Lehrer entsetzt:
– Nicht auf das Gas, du Ochse ...
Sie fahren in einen Graben. Staub, schwarz, Ruhe. Pause.
Der Staub setzt sich. Irgendwo in der Ecke etwas Zerbrochenes.
Die Stimme des Lehrers, heiser: – Ich kann nichts mehr hören ...
Bewegt sich im Auto herum: – Ha, die Fliege ist tot!
Glücklich, mit Schwung: – Komm Lieber, gib den Rückwärtsgang hinein und lass uns fahren!

Kritik

Streitschrift

(bsp) Die frühere Tages-Anzeiger-Literaturredaktorin Pia Reinacher, die heute unter anderem als Kritikerin der Frankfurter Allgemeinen Zeitung arbeitet, gibt in diesem längeren Essay einen Überblick über die jüngsten Entwicklungen der Schweizer Literatur. Dabei fokussiert sie den folgenreichen Generationenwechsel in den 1990er-Jahren und beschreibt, wie sich junge Schweizer Schriftstellerinnen und Schriftsteller wie Peter Weber, Ruth Schweikert oder Peter Stamm neue Schreib- und Marketingstrategien zu eigen machen, mit denen viele der Paradigmen der «Vätergeneration» überholt werden. Der «Vaterlandsdiskurs» und die «Schweizer Enge» sind in der jüngeren Schweizer Literatur aufgebrochen zu Gunsten von Landes- und Kulturgrenzen überschreitenden Texten, gepaart mit gezielter, erfolgreicher Selbstvermarktung der Autorinnen und Autoren. Paradebeispiel Reinachers: Zoë Jenny. Dieser Essay ist eine Streitschrift, die in der Schweizer Medienlandschaft bereits einige Wellen geworfen hat – und wohl noch werfen wird. Der Schweiz tut diese frische Streitschrift gut. Schade nur, dass der zweite Teil des Büchleins in für das Thema nur halb ergiebigen Schriftstellerporträts mündet, denen ihre Zeitungsartikel-Herkunft allzu deutlich anzumerken ist. In der Zusammenstellung wirken diese Porträts stilistisch heterogen und punktuell.

Pia Reinacher: «Je Suisse. Zur aktuellen Lage der Schweizer Literatur». Nagel & Kimche, Zürich 2003. CHF 31.20.

Familiengeschichten
(bsp) Edna wird nach dem Tod ihres Mannes die gemeinsame Wohnung verlassen. Während sie packt, denkt sie an den bevorstehenden Pessach-Seder, das traditionelle Festmahl zur Feier des Auszuges der Israeliten aus Ägypten, im Kreise ihrer Kinder und Enkelkinder. Ein letztes Mal lässt sie ihr eigenes Leben, das ihrer Eltern und Großeltern Revue passieren: die Flucht und die Ankunft der jüdischen Familie Leondouri an der Ostküste Amerikas, die Erfolge und Misserfolge, Anfeindungen und innerfamiliären Querelen. Das Familienepos, das in zwei weiteren Teilen den Sohn Daniel und die Enkelin Adina durch Perspektivenwechsel ins Zentrum rückt, beschreibt die Entfremdung zwischen den Familienmitgliedern und das Scheitern mancher ihrer Lebensentwürfe. Während Edna noch der jüdischen Tradition verhaftet ist, fühlt sich Daniel von seiner Abstammung zugleich angezogen und abgestoßen; nur Adina kann dem Erbe mit offener Neugier begegnen. Mitgutschs Figuren sind hoch komplexe und zerbrechliche Menschen, die auf der Suche nach Geborgenheit sind – vor der sie aber auch immer wieder fliehen. Die Schichtung der Erzählebenen und die Verwebung der Generationen gelingt Mitgutsch durch eine kluge Konstruktionsidee überzeugend: Sie lässt die symbolische Bedeutung des Pessach-Seders – die physische, aber auch psychische Befreiung (respektive die Hoffnung auf sie) sowie die Vergegenwärtigung der Vergangenheit durch Erinnerung – zum Kern ihres Romans gerinnen. In der historischen Tiefe des Pessach-Fests in «Familienfest» gespiegelt, wird die Geschichte der Leondouris zu einer von vielen jüdischen Familien im Exil – und weist darüber hinaus auf die psychischen Verwicklungen, wie sie alle Familien bergen.

Anna Mitgutsch: «Familienfest». Roman. Luchterhand, München 2003. CHF 38.–.

Vorsichtige Hoffnung auf Frieden
(bsp) Die gesammelten Aufsätze von David Großman, deren Einzelpublikationen in Zeitschriften und Zeitungen einen zehnjährigen Zeitraum von September 1993 bis Mai 2003 umfassen, reagieren auf die wichtigsten und erschütterndsten Ereignisse des Konflikts zwischen Palästinensern und Israelis. Alle 37 Essays hat der israelische Schriftsteller für die Sammelausgabe noch einmal durchgesehen und mit einer Einführung versehen, welche die historische Situierung des jeweiligen Artikels zu identifizieren erlaubt. Durch die Nebeneinanderreihung der Aufsätze ist eine Art

persönliche Chronik entstanden. Großman analysiert die Stimmung in der israelischen Bevölkerung scharf, wirft unbequeme Fragen auf – und gibt trotz aller Rückschläge seine vorsichtige Hoffnung auf Frieden nicht auf. Im Vorwort reflektiert er über seine Position als Schreibender inmitten der blutigen Auseinandersetzungen: Er schreibe, weil er sich von den propagandistischen Worten der Konfliktparteien und der Angst nicht lähmen lassen wolle. Sein Kampf gegen die Ohnmacht fällt Großman aber keineswegs leicht; immer wieder überkommt ihn ein Gefühl der Sinnlosigkeit: «Es ist schwer, jemanden mit Worten zu erreichen, wenn um einen herum Menschen in die Luft gesprengt und Kinder in Fetzen gerissen werden. In solchen Momenten würde ich lieber schreiend durch die Straßen laufen als schreiben.» Großmans abwägende Worte mögen aber vielleicht doch Menschen erreichen, die sich wie er ernsthaft um eine Position im Nahostkonflikt – frei von Vorurteilen und Hass – bemühen.

David Großman: «Diesen Krieg kann keiner gewinnen. Chronik eines angekündigten Friedens». Hanser Verlag, München 2003. CHF 31.20.

Der Wind der Zeit für dich

(mw) Für eine Klassenarbeit muss die Erzählerin in Annette Pehnts Buch «Insel 34» verschiedene Inseln auswendig lernen. Die Inseln haben keine Namen, nur Nummern, und die Nummer 34 liegt am weitesten von der Küste entfernt. In der Ich-Figur entflammt eine Leidenschaft für Inseln und eine Sehnsucht nach der Insel 34. Früher immer Klassenbeste mit wenigen Freunden und begrenzter Anerkennung durch den Vater, verändert die Sehnsucht nach der Insel (auf der noch niemand war) das Leben der jungen Frau. Die Noten sacken, außer in Erdkunde, ab, die sportlichen Waden werden vom vielen Lesen in der Bibliothek mozzarellafarben, und endlich beginnt der Vater, die Tochter zu loben. Er sieht in ihr bereits die erfolgreiche Forscherin von morgen. Zur Unterstützung der Tochter gehts nun auch an die langweilige Küste in die Familienferien, anstatt in den Süden – doch die Tochter interessiert sich ausschließlich für Inseln, was die Eltern nicht ganz begreifen. Auch der Uniprofessor, für den sie bald arbeitet, versteht die Leidenschaft der jungen Frau für Inseln nur begrenzt, schließlich ist Dialektologie sein Fach. Sogar die Beziehung zum «Lebemann» Zanka hält die Erzählerin nicht davon ab, zu den Inseln loszufahren, als die Zeit gekommen ist. Auf den Inseln lernt sie in Essig eingelegte Gurken schätzen, Sackpfeife spielen und den Gruß «der Wind der Zeit für dich». Doch immer vehementer zieht es die Reisende zum Sehnsuchtsort Insel 34, «alles andere kann nur den Status von Zwischenstationen haben».

Zwei verschiedene Genres sind in diesem Buch vereint. In Anlehnung an den Entwicklungsroman wird der Werdegang einer Schülerin zur jungen Frau nachgezeichnet und deren Ablösung von den Eltern; dem klassischen Reiseroman nachgebildet, ist die genaue Vermittlung der Eigenarten der Inseln und deren Bewohner. Annette Pehnt arbeitet auch in ihrem zweiten Roman mit einer einfachen, aber vortrefflich genauen Sprache und überzeugt mit einem geschickt gebauten Spannungsbogen.

Annette Pehnt: «Insel 34». Piper. München 2003. CHF 29.-.

Vom Preisgeben und Geheimhalten
(mw) Nein, nicht alles ist neu, was neu erscheint. Herta Müller versammelt in «Der König verneigt sich und tötet» poetologische Texte aus den letzten drei Jahren. Die meisten wurden als Vorlesungen im Rahmen von Müllers Tübinger Poetikdozentur gehalten und teilweise bereits auch gedruckt. Nun gut, nur so viel zur kleinen Enttäuschung – da die Leser/in doch neue Texte erwartet hätte.

Inhaltlich bietet Müller einmal mehr eine sorgfältige, spannende Auseinandersetzung mit den Möglichkeiten der Sprache. Zuerst und hinter allem steht der Wunsch, «es sagen können». Müller ist zwischen dem «Dorfdeutschen» und dem «Stadtdeutschen» aufgewachsen, wie sie schreibt, später sind das «Rumänische» und danach das «Ost- und Westdeutsche» hinzugekommen. Im Essay «In jeder Sprache sitzen andere Augen» beschreibt sie die unterschiedlichen Blickwinkel der Sprachen, zwischen denen sie den Spagat macht. Das Rumänische sei eine viel sinnlichere Sprache als das Deutsche, sagt Müller, und so schreibe das Rumänische immer mit, auch wenn sie noch kein Buch auf Rumänisch verfasst habe. Doch alle genannten Sprachen unterlägen derselben Schwierigkeit: «Die inneren Bereiche decken sich nicht mit der Sprache, sie zerren einen dorthin, wo sich Wörter nicht aufhalten können.» Es melden sich grundsätzliche Zweifel daran, was Sprache überhaupt kann. Und so trägt einer der Texte den Titel «Wenn wir schweigen, werden wir unangenehm – wenn wir reden, werden wir lächerlich». Müller reflektiert ihre Kindheit im banat-Schwäbischen Dorf, die Bedrohungen und die Verhöre durch das Regime von Ceausescu, wie auch die Geschichte der Generation ihrer Eltern: Die Väter waren in der SS, betäubten ihre Kriegserinnerungen mit Alkohol. Auf Grund einer Kollektivschuld wurden die meisten Rumänien-Deutschen nach 1945 in die Arbeitslager nach Russland deportiert (wovon auch Herta Müllers Mutter betroffen war). Gewissermaßen daneben steht das Leben in der BRD, wohin Müller 1987 geflohen ist. Der «fremde Blick», den Literaturwissenschaftler scheinbar in Müllers Texten ausmachen, sei alt und kein künstlerisches oder gar künstliches Handwerk, meint Müller, er falle nur zwischen «intakten» Blicken auf. Der tatsächliche «fremde Blick» wird von ihr nur dort geortet, wo «nichts geschrieben werden und kein Wort geredet werden muss» –, um diesen Ort und seine praktische Unmöglichkeit geht es ihr stets von neuem. Und so darf man bereits gespannt sein auf weitere, neue Texte von Herta Müller.

Herta Müller: «Der König verneigt sich und tötet». Essays, Hanser-Verlag 2003. CHF 31.20.

Strategien
in Stein meisseln.
Denkbar.

Broschüren, News-
letter, Inserate.
Druckbar.

BuchsDruck
BUCHSMEDIEN AG

BuchsMedien AG, Bahnhofstr.14, 9471 Buchs
Telefon 081 750 02 02, Fax 081 750 02 22
info@buchsdruck.ch, www.buchsmedien.ch

Hinweise

Stipendien Künstlerhaus Lauenburg

Die Stadt Lauenburg schreibt Stipendien für jeweils sechs Monate aus. Das Stipendium beginnt am 1. April 2004 und endet am 30. September 2004. Für den Bereich Literatur können sich deutschsprachige Schriftstellerinnen und Schriftsteller bewerben. Die Unterlagen sollen neben biografischen und bibliographischen Angaben die letzte Veröffentlichung (in zwei Exemplaren) und 10 bis 20 Seiten aus einem neuen unveröffentlichten Manuskript enthalten.

Die Kandidaten richten ihre Bewerbung bis zum 31. Dezember 2003 formlos unter dem Stichwort «Stipendium Künstlerhaus» an die Stadt Lauenburg/Elbe, Amt für Jugend, Touristik und Kultur, Amtsplatz 1, D-21481 Lauenburg/Elbe.

Ausschreibung Literaturwettbewerb; Gesucht: Ein Woyzeck fürs 21. Jahrhundert

Ausgeschrieben ist ein Literaturwettbewerb für Prosa junger Autorinnen und Autoren, die sich über Konventionen kurzatmiger Trendliteratur hinwegsetzen. Es werden Prämien zwischen 300 bis 1000 Euro vergeben. Senden Sie ihr ausgedrucktes Manuskript an: Schwartzkopff Buchwerke, Clausewitzstr. 4, D-10629 Berlin. Bei Romanauszügen bitten wir zusätzlich um ein Expose. Einsendeschluss ist der 31. Januar 2004.

Literaturwettbewerb von Polar Price

Polar Price, das Verlags- und Aktionshaus Hannover, schreibt seinen ersten großen Literaturwettbewerb aus. Gesucht und ausgezeichnet werden unveröffentlichte Kurzgeschichten und Erzählungen, die sich mit dem Thema «Kinder- und Familienfreundlichkeit 2004» befassen. Die schönsten, spannendsten und bemerkenswertesten Beiträge werden nicht nur mit bis zu 2500 Euro prämiert, sie werden auch im «Polar Price Jahrbuch der Kinderfreundlichkeit 2004» veröffentlicht. Erwartet werden Schilderungen tatsächlicher (positiver oder negativer) Erlebnisse, die entsprechende Erfahrungen mit der wahrhaftigen Kinder- und Familienfreundlichkeit spiegeln. Die Einsendungen müssen in doppelter Ausführung dem Polar Price Verlags- und Aktionshaus Hannover eingereicht werden. Die Teilnahmegebühr beträgt 10 Euro. Jeder Teilnehmer darf nur einen Beitrag einsenden. Weitere Informationen erhält jeder angemeldete Teilnehmer schriftlich. Unter: www.ppverlag.de/Literaturwettbewerb3.htm oder: Polar Price Verlag, Frank Goebel, Am Welfenplatz 13, 30161 Hannover, Tel.: 0511/ 3535472. Anmeldeschluss ist der 31. Juli 2004.

Wiener Werkstattpreis 2004
«Auch 2004 gibt es wieder den Wiener Werkstattpreis. Der renommierte Wettbewerb für Fotografie und Literatur lädt ein zur Teilnahme. Das Thema ist dieses Jahr «Einheit».

Fotos können in den Sparten Farb-, S/W-, Digitalfotografie sowie Polaroids/Lomographie zu den vier Themenbereichen Architektur, Experimentelles, Menschen und Natur eingereicht werden.

Der Gewinner des Hauptpreises für Literatur sowie Fotografie erhält neben einem Geldpreis in der Höhe von je 800 Euro eine Multimediaproduktion seiner Arbeiten auf CD-ROM. Die Gewinner der vier Etappenpreise Literatur und Fotografie erhalten Geldpreise über je 150 Euro und werden automatisch für den Hauptpreis nominiert. Darüber hinaus werden Anerkennungspreise für die Plätze 2 bis 15 beim Hauptpreis vergeben.

Genaue Informationen und Teilnahmeformulare bekommen Sie unter www.werkstattpreis.net bzw. über werkstattpreis@introvis.com. Adresse: Wiener Werkstattpreis, c/o Peter Schaden, Mailbox No. 119, Wienerbergstr. 9, A-1100 Wien. Telefonische Auskünfte unter (00431) 2642300. Einsendeschluss ist der 31. Dezember 2003.

Agatha-Christie-Krimipreis 2004
Auf ein Neues: AMICA und der Scherz Verlag vergeben den Agatha-Christie-Krimipreis 2004! Gesucht ist die spannendste Krimikurzgeschichte zum Thema «Verdächtige Freunde». Der Aufruf richtet sich sowohl an bekannte Schriftsteller/innen als auch an solche, die es werden wollen. Die Story sollte

maximal zehn Manuskriptseiten umfassen (je 30 Zeilen à 60 Anschläge) und bisher unveröffentlicht sein. Bitte in zweifacher Ausfertigung schicken. Kurzbiografie und Bibliografie in einem verschlossenen Umschlag beilegen – auf dem Manuskript darf kein Name eines Autors, einer Autorin stehen! Die AMICA-Redaktion trifft die Vorauswahl, eine prominent besetzte Jury entscheidet in einem anonymen Verfahren über die drei Gewinner/innen. Die Siegergeschichte wird in AMICA veröffentlicht, die 25 besten Storys erscheinen zudem im Oktober 2004 in einer Anthologie im Scherz Verlag.

Der 1. Preis ist eine Vespa Granturismo 2001, der 2. Preis das neueste Consumer-Notebook von Fujitsu Siemens Computers, der 3. Preis ein Montblanc Schreibutensil.

Einsendungen an: AMICA, Stichwort «Agatha-Christie-Krimipreis», D-20767 Hamburg. Einsendeschluss ist der 31. Dezember 2003.

Glauser-Krimipreis
Ausgezeichnet wird die beste deutschsprachige Krimikurzgeschichte, die im Jahr 2003 in gedruckter Form veröffentlicht wurde (elektronische Veröffentlichungen können nicht berücksichtigt werden). Jede Autorin, jeder Autor kann nur eine Kurzgeschichte einreichen, und zwar in fünffacher Ausfertigung (Fotokopien plus Titelseite der Zeitschrift oder Impressumsseite der Anthologie). Die Geschichten sollen maximal 20 Normseiten (30 Zeilen à 60 Anschläge) umfassen. Der Kurzgeschichten-Glauser ist mit 1000 Euro dotiert. Einsenden an: Sandra Lüpkes, Wilhelmstr. 58, 26571 Juist, sa.lue@addcom.de.

Einsendeschluss ist der 31. Dezember 2003.

Literaturpreis «Sommertheater» im Kyrene Verlag
Der Kyrene Verlag in Innsbruck schreibt einen jährlichen Literaturpreis für Dramatiker und Dramatikerinnen aus. Gesucht werden Einakter, die ungefähr einer Aufführungsdauer von einer Stunde entsprechen. Die Einsendungen müssen in deutscher Sprache sein. Aufgefordert sind Autorinnen und Autoren jeder Staatszugehörigkeit. Das Thema ist frei. Eine Jury ermittelt die besten drei Texte. Das Siegerstück wird von der Theatergruppe «Statisterie» inszeniert und im Innsbrucker Kulturgasthaus Bierstindl zur Aufführung gebracht. Die besten drei Texte werden in einem Buch veröffentlicht, Autorenhonorar ist ein Freiexemplar. Die Beiträge sind als Papierausdruck und als Word-Datei auf Diskette einzusenden an: Kyrene Verlag, Sebastian-Scheel-Str. 17,

Inserat

Beat Gloor

«Die Tage gehen vorüber und klopfen mir nur noch nachlässig auf die Schulter»

365
tage
buch

732 Seiten, perforiert, Hardcover
ISBN 3-906729-09-5

CHF 48.– € 26.–
www.kontrast.ch

«Gloor zeigt erstmals auch seine poetische Seite, streut Haikus in die Tage und weiss eine Reihe Kürzestgeschichten aus dem Alltag lakonisch und pointiert zu erzählen. «Die Tage gehen vorüber und klopfen mir nurnoch nachlässig auf die Schulter» lautet eine der 366 Miniaturen, die zugleich dem neuen Buch seinen Titel gibt. In der Tat ist dieses Buch der Tage kaum mit etwas Bestehendem zu vergleichen; es ist Nachschlagewerk, Kompendium, Lesebuch, Zettelkasten, Tagebuch, Kalender und Agenda in einem.»

Markus Bundi, MittellandZeitung

www.die-tage-gehen-vorueber.ch
Wählen Sie auf dieser Website einen Tag aus und schicken Sie ihn per Mail weiter.

28. Tage der deutschsprachigen Literatur 2004 (Ingeborg-Bachmann-Preis)

Der Wettbewerb findet jährlich in der letzten Juni-Woche statt. Er ist eine öffentliche Veranstaltung, bei der die geladenen Autorinnen und Autoren (für 2004 maximal 18) vor Publikum, Presse, Fernsehen (3sat-Liveübertragung) und via Internet (live) ihre Texte lesen und der Jury zur Beurteilung vorlegen. Zum Wettbewerb zugelassen sind deutschsprachige Prosatexte (keine Übersetzungen) von max. 30 Minuten Lesedauer. Die Texte dürfen ausnahmslos in keiner Form und/oder Bearbeitung veröffentlicht oder zuvor bei ähnlichen Wettbewerben eingereicht worden sein. Auch eine öffentliche Lesung gilt dabei als Veröffentlichung. Der Ingeborg-Bachmann-Preis ist 2004 mit 22'500 Euro dotiert und wird von der Landeshauptstadt Klagenfurt gestiftet. Es werden noch vier weitere Preise vergeben. Genauere Angaben und Adressen unter: www.bachmannpreis.orf.at. Einsendeschluss ist der 15. Februar 2004.

Achter Klagenfurter Literaturkurs (2004)

Parallel zu den Tagen der deutschsprachigen Literatur veranstalten die Kulturabteilung der Stadt Klagenfurt und das ORF Landesstudio Kärnten den «Achten Klagenfurter Literaturkurs», zu dem maximal zehn Autorinnen und Autoren (unter 35 Jahren) eingeladen werden. Geboten werden Tutorien mit erfahrenen Kolleginnen und Kollegen (Gespräche über den eingereichten Text), Diskussionen zu Bedingungen von Literatur und Schreiben, die Möglichkeit, die 28. Tage der deutschsprachigen Literatur (Ingeborg-Bachmann-Preis) als Gast zu besuchen. Die Bewerber/innen müssen über mindestens eine literarische Veröffentlichung verfügen, die im Buchhandel erhältlich ist. Eingereicht werden soll eine Textprobe in sechsfacher Ausführung von maximal zehn Seiten (Schriftgrad mindestens 12 Punkt), versehen mit einem Lebenslauf, Foto und Bibliografie. An: Robert-Musil-Literaturmuseum, z.Hd. Dr. Heimo Strempfl, Bahnhofstr. 50, A-9020 Klagenfurt. Einsendeschluss ist der 15. März 2004.

Genauere Angaben unter: www.musilmuseum.at sowie unter bachmannpreis.orf.at.

Liebe Buchhändlerinnen
und Buchhändler

Setzen Sie sich hier in Szene, und verkaufen Sie entwürfe!
Sie unterstützen damit nicht nur ein Nischenprodukt von hohem kulturellem Wert, sondern profitieren auch von günstigen Konditionen.

Alle Buchhandlungen, die «entwürfe» verkaufen, werden an dieser Stelle namentlich erwähnt.
Wir bieten Ihnen interessante Konditionen:
- 40 % Rabatt auf das Jahresabo von Fr. 70.- bzw. Fr. 90.- für das Ausland (inkl. Porto)
- 40 % Rabatt auf den Einzelverkaufspreis von Fr. 19.- (zuzüglich Porto)
- Ein Gratisheft bei der Bestellung von sechs und mehr Exemplaren pro Ausgabe
- Halbjährliche Rechnungsstellung

Sind Sie interessiert?
Setzen Sie sich doch gleich mit unserem Sekretariat in Verbindung:
Frau Kellerhals, Sekretariat «entwürfe», Reichenbachstr. 122, 3004 Bern,
Tel.: 031/300 02 02, Fax: 031/300 02 99,
administration@entwuerfe.ch

Ihre Entwürfe

Wenn Sie uns einen Text senden wollen:

Senden Sie Ihren bisher unveröffentlichten Text per E-Mail an: redaktion@entwuerfe.ch. Speichern Sie den Text im rtf-Format ab und fügen Sie ihn als Attachment an. Bitte senden Sie uns auch eine kurze Biografie mit Geburtsjahr, Wohn- und Arbeitsort, Tätigkeiten, letzten Veröffentlichungen. Für allfällige Rückfragen bitten wir Sie auch um Ihre genaue Adresse, E-Mail und Telefonnummer. Bitte vermerken Sie, ob Ihr Text auf unserer Web-Site abgedruckt werden darf.

Senden Sie uns Essays und Geschichten von höchstens 15'000 Zeichen Umfang oder sechs bis zehn Gedichte!

Die Texte werden von mehreren Redaktionsmitgliedern gelesen. Die Redaktion entscheidet, welche Texte in welcher Ausgabe abgedruckt werden. Täglich erreichen uns mehrere Einsendungen. Deshalb kann es über ein halbes Jahr dauern, bis Sie Antwort erhalten. Bitte senden Sie uns so lange keine neuen Texte zu.

Nächste Themen: «Cairo», Einsendeschluss Ende Dezember 2003; «Herz», Einsendeschluss Ende Februar 2004. «Massiv», Einsendeschluss Ende Juli 2004.

Auslieferung Deutschland
GVA, Postfach 2021, D-37010 Göttingen, Tel. 0551 487 177, Fax 0551 413 92

Auslieferung Schweiz
AVA buch 2000, Postfach, 8910 Affoltern a.A., Tel. 01 762 60 40, Fax 01 762 60 65
buch2000@ava.ch

Für den Buchhandel
Verlag KONTRAST, Hardstraße 219, 8005 Zürich
verlag@kontrast.ch

entwürfe: lieferbar

1995
01 Junge Literatur*
02 50 Jahre nach Kriegsende*
03 Kuba
04 Luftveränderung

1996
05 Der fremde Blick
06 Die Stillen im Lande
07 Korrespondenzen
08 Sprachbilder

1997
09 Heinrich Heine
10 Die alten Sachen
11 Doppelgänger
12 Hörtexte

1998
13 Geld
14 CH-Literatur
15 Landschaft
16 Verfassungen

1999
17 Im Rausch*
18 Erinnerung*
19 Sexualität*
20 Gelächter

2000
21 Rezepte*
22 Reisen
23 Sport
24 Post

2001
25 Filz
26 Schmerz
27 Mobile Home
28 Echt

* vergriffen

Bitte benutzen Sie die beiliegende Bestellkarte oder schicken Sie einen Fax an:
Sekretariat «entwürfe»,
Tel. 031 300 02 99,
oder bestellen Sie über www.entwuerfe.ch!

2002 
29 Krieg 
30 Farbe 
31 Nacht 
32 Fleisch

2003   
33 Beauty  
34 Fusion  
35 Fabrik 
36 jagen und sammeln

2004
37 Cairo
38 Herz
39 Massiv

Impressum

Herausgeber
Verein «entwürfe für literatur», Zürich
9. Jahrgang, Dez. 2003, erscheint viermal jährlich.
12. Jahrgang. «Entwürfe für Literatur und Gesellschaft», 16. Jahrgang. «Zündschrift – Forum für Schreibende»

Literatur-Redaktion
Yasmine Inauen (yi), Susanne Reichlin (sr), Viola Rohner (rr)* verantwortlich für den «ausserdem»-Teil, Bettina Spoerri (bs), Marc Stadelmann (sta)*, Yvonne Stocker (ys), Martina Wernli (mw), Philippe Wampfler (phw)
*verantwortlich für diese Ausgabe

Fotografie-Redaktion
Koni Nordmann

Kunst-Redaktion
Nadine Olonetzky
Angelica Affentranger-Kirchrath

Redaktionsadresse
redaktion@entwuerfe.ch

Grafisches Konzept
Jean Robert und Käti Durrer, Zürich

Verlag, Produktion, Satz und Bildbearbeitung
Christof Hegi, Verlag Urbane Medien, Zürich
Trix Stäger, Zürich

Korrektorat
sprach.bild, St.Gallen
agentur für kommunikation gmbh

Internet
Christof Hegi, vum! Zürich
www.entwuerfe.ch

Belichtung und Druck
Buchs-Druck, Buchs
Papier: Z-Offset W, ohne optische Aufheller

Preise
Einzelheft: CHF 19.– € 12.–
Abonnement (vier Nummern):
CHF 70.– (Ausland: CHF 90.– € 60.–)
Postkonto: 80-34276-9, entwürfe, 8000 Zürich
Postkonto in €: 91-812625-3, 8000 Zürich

Anzeigenpreise
1/1-Seite: CHF 350.– € 220.–, 1/2: CHF 250.–
€ 160.–, 1/3: CHF 150.– € 100.–

Abo, Administration, Auslieferung
Sekretariat «entwürfe»
Reichenbachstraße 122, 3004 Bern
Tel. 031 300 02 02 Fax 031 300 02 99
administration@entwuerfe.ch

Für den Buchhandel
Verlag KONTRAST, Hardstrasse 219,
8005 Zürich. verlag@kontrast.ch

Dank
Diese Nummer wurde freundlichst und großzügig unterstützt durch **Kulturstiftung Pro Helvetia, Kulturprozent der Migros** (Zürich), **Kulturstiftung Winterthur, Volkart Stiftung.**

ISSN 1420-3970
ISBN 3-906729-21-4
© entwürfe / Autorinnen und Autoren

Diese Ausgabe entstand in Zusammenarbeit mit dem AdS (Autorinnen und Autoren der Schweiz).

Dank

Redaktion und Verlag von «entwürfe» möchten sich an dieser Stelle bei den nachfolgend aufgeführten Gönnerinnen und Gönnern herzlich für die Unterstützung bedanken. Sie haben mit Beiträgen zwischen 200 und 1000 Franken wesentlich dazu beigetragen, dass «entwürfe» nicht nur weiterlebt, sondern sich immer wieder verbessern kann.

Marianne Arbenz-Butti, 8911 Rifferswil
Egidius Aebli, 8704 Herrliberg
Dr. Rudolf Balmer, 4057 Basel
Madeleine & Stefan Barandun, 8954 Geroldswil
Dr. Hermann C. Bitzer, 8620 Wetzikon
André Bucher, 8005 Zürich
Prof. Dr. Michael Böhler, 8002 Zürich
Markus O. Friedli, 8004 Zürich
Martin Fritsche, 8003 Zürich
Prof. Dr. Jürg Glauser, 8302 Kloten
Sibylle Grosjean-Fluetsch, 8002 Zürich
Sonja Hägeli, 6301 Zug
Patrick Heller, 4632 Trimbach
H.U.G. Gestalter, 4900 Langenthal
Dorothee Noever, 5043 Holziken
Marianne Olsen, 8053 Zürich
Ruedi Probst, 4562 Biberist
Iwan Raschle, 8626 Oberottikon
Esther Schmid, 8008 Zürich
Hugo Sommerhalder, 8707 Uetikon am See
Madlen Stadelmann-Klee, 8320 Fehraltorf
Peter Weber, 8003 Zürich
Martin Zehender, 8623 Wetzikon

Gönnerin oder Gönner kann werden, wem das «entwürfe»-Abo mindestens 200 Franken oder mehr wert ist. Es genügt eine Zahlung auf PC 80-34276-9, «entwürfe», 8000 Zürich.
Sie alle werden zu gegebener Zeit zu einem speziellen Literaturanlass eingeladen.

Der Dank gilt auch all den Mitgliedern des Vereins «entwürfe für literatur», die mit einem Beitrag von 100 Franken nicht nur finanziell zum Überleben der Zeitschrift beitragen, sondern sich auch ideell hinter das Projekt stellen. Vereinsmitglied werden ist ebenfalls einfach: 100 Franken überweisen auf PC 80-34276-9, «entwürfe», 8000 Zürich.

An dieser Stelle sei auch der **Kulturstiftung – Pro Helvetia** und dem **Migros Kulturprozent** (Zürich) ein besonderer Dank ausgesprochen, denn ohne deren großzügige Unterstützung könnte «entwürfe» nicht überleben.
Ein besonderer Dank gilt der **Volkart Stiftung**, der **Kutlturstiftung des Kantons Thurgau** sowie der **Kulturstiftung Winterthur**, die «entwürfe» einen namhaften Betrag haben zukommen lassen.